AF609666

CRIMES ET PÉCHÉS

DE

NAPOLÉON BONAPARTE.

CRIMES ET PÉCHÉS

DE

NAPOLÉON BONAPARTE.

Notat et designat oculis ad cædem.
CICÉRON.

A PARIS,

Chez DAVI et LOCARD, libraires, rue de Seine, n° 54, près la rue de Bussy.
DELAUNAY, Libraire, Palais-Royal, galerie de bois.

1815.

AVANT-PROPOS.

Hominem queæro : Je cherche un homme, s'écrioit Diogène, parcourant les rues d'Athènes, sa lanterne à la main ; mais le philosophe cynique échoua dans cette inutile recherche.

A son exemple les Français, après les désastres révolutionnaires qui pesèrent si long-temps sur leur infortunée patrie, disoient aussi : *Hominem quærimus : Nous cherchons un homme*. Ils crurent pendant quelque temps, que plus heureux que Diogène, ils avoient trouvé ce phénix ; mais, hélas ! ils s'apperçurent bientôt de leur erreur, et s'écrièrent d'une voix unanime : *INVENIMUS MONSTRUM* : *Nous trouvons un monstre !* En effet, de tous les tyrans que l'histoire nous offre comme oppresseurs des peuples, tels que Néron, Caligula, Tibère, Denys, et tant d'autres qui font honte à l'humanité, il n'en est aucun qui puisse être comparé à Bonaparte. Il sut réunir à lui seul les crimes de tous, et son nom en horreur à la postérité la plus reculée, rappellera sans cesse un ensemble de forfaits inconnus jusqu'alors.

Français, qui avez gémi sous sa cruelle oppression, vous fûtes témoins des événemens qui se passèrent sous ce despote ; mais vous ignorez combien il se rendit coupable : et vous aussi, qui, abusés par le sentiment d'une fausse gloire, cherchez à pallier ses torts, vous qui fûtes ses premières victimes, songez qu'il ne dut sa renommée qu'à votre courage, et non à ses talens. Revenez enfin de votre erreur, en lisant le récit véridique des crimes dont s'est souillé cet oppresseur du genre humain, et alors vous

vous écrirez : *CREDEBAMUS INVENISSE HOMINEM, ET MONSTRUM INVENIMUS : Nous croyions avoir trouvé un homme, et nous trouvons.... un monstre !*

CRIMES ET PÉCHÉS

DE

NAPOLÉON BONAPARTE.

Il est rare que les traits échappés à l'enfance ne donnent à l'observateur éclairé l'indice certain du caractère que déploiera un jour dans la société l'homme qui sera le sujet de ses observations ; et sur ce point Napoléon Bonaparte en fournit la preuve. M. Léguille, l'un des professeurs de l'Ecole militaire, avait bien deviné notre héros, lorsque chargé de rédiger des notes sur chaque élève, il écrivit à côté du nom de Bonaparte : *Corse de nation et de caractère ; il ira loin, si les circonstances le favorisent.* Et dans une autre occasion, le général Dugommier partagea parfaitement l'opinion du professeur, puisqu'accompagnant un jour au comité de salut public Bonaparte, il prononça ces mots remarquables : « Je « vous présente un jeune officier du plus

« grand mérite, il ira loin. Représentans,
« que ce jeune homme fixe votre atten-
« tion ; car, ajouta-t-il avec sa franchise
« militaire, si vous ne l'avancez pas, il
« saura bien s'avancer lui-même. »

Nous allons donc le prendre depuis sa plus tendre jeunesse, et parcourir ainsi pas à pas la série des forfaits qui signalèrent pendant quinze ans son affreuse tyrannie. En vain les partisans de cet homme trop malheureusement célèbre voudroient atténuer ces crimes, en leur opposant quelques actions d'éclat. On ne peut, sans blesser la vérité, disconvenir qu'il s'annonça dans le commencement de sa puissance par des exploits militaires et des actes d'administration qui fascinèrent les yeux de la multitude ; mais une fois parvenu à son but, une fois le masque tombé, l'homme parut dans toute sa foiblesse ; entouré, non des vertus qu'une basse adulation lui prodiguoit sans cesse, mais du cortège de tout ce que l'égoïsme le plus perfide, la cruauté la plus raffinée peuvent mettre en usage pour tromper les hommes. Une fois l'idole abattu, la vérité ne craint plus de se faire entendre, et de soulever le voile qui si long-temps déroba aux regards la conduite de l'être cruel que la sottise et la stupidité avoient presque divinisé.

Rassembler les différens traits qui signalèrent ce despote, c'est offrir à ceux que l'expérience n'a pu détromper encore, les preuves authentiques d'une erreur qu'on ne peut plus excuser, c'est enfin les ramener à un gouvernement paternel qui seul peut procurer la paix et le bonheur.

Napoléon Bonaparte naquit à Ajaccio en Corse, le 15 août 1769; il fut conduit de bonne heure en France où il obtint une place dans l'école militaire de Brienne, en Champagne, par la protection de M. le comte de Marbœuf, gouverneur de l'île de Corse, et protecteur déclaré de sa famille. Il y devint amoureux d'une fille qui l'aima trop, et qui auroit eu à rougir de sa foiblesse, si son amant ne s'étoit dès-lors essayé dans la carrière qn'il a parcourue depuis avec tant de délices; la malheureuse mourut empoisonnée; mais la protection de M. de Marbœuf et le défaut de preuves possibles, firent que Napoléon Bonaparte ne fut pas chassé de l'école. En 1784, il fut jugé digne d'être compris dans la promotion des élèves que l'on envoyoit à l'école militaire de Paris, où, entre plusieurs traits de sa jeunesse, je vais rapporter les plus marquans.

Un jour on faisoit devant le jeune Corse l'éloge du vicomte de Turenne. Une dame de la compagnie se mit à dire : « Oui, c'étoit un grand homme ; mais je l'aimerois mieux, s'il n'eût point brûlé le Palatinat. »

« Quimporte, reprit vivement Bonaparte, si cet incendie étoit nécessaire à sa gloire?.... » Quelle répartie ! Comme elle promettoit bien ce qu'il a tenu ; il avoit quatorze ans alors.

La confirmation étoit donnée aux élèves de l'école militaire, le même jour qu'ils faisoient leur première communion, et c'étoit l'archevêque qui les confirmoit. Arrivé à Bonaparte, il lui demanda, suivant l'usage, son nom de baptême. Il le dit avec une assurance qui contrastoit beaucoup avec l'air timide et humilié de ses camarades. Ce nom un peu extraordinaire (Napoléon) ne fut pas entendu de l'archevêque ; il le fit répéter : Bonaparte répète un peu impatienté. Le grand vicaire dit au prélat : *Je ne connois pas ce saint là.* Parbleu ! *Je le crois bien*, répond Bonaparte ; *c'est un saint Corse.*

A cette époque, l'aréonaute Blanchard, se proposant de faire au Champ de Mars l'expérience d'un aréostat, Bonaparte voulut, malgré les représentations de ce physicien, monter avec lui dans la nacelle suspendue au-dessous du ballon. Ayant éprouvé un refus positif, prononcé avec tous les égards qu'exigeoit la circonstance, le jeune élève, dont le caractère altier et irascible ne pouvoit se contenir, brisa la mécanique avec son épée, ce qui fit manquer une expérience qui avait attiré un nombre prodigieux de spectateurs.

Son penchant lui ayant fait choisir le service de l'artillerie, corps dans lequel le mérite pouvoit plus facilement s'avancer, il subit avec le plus grand succès les examens nécessaires, et fut fait, quelque temps avant la révolution, sous-lieutenant d'artillerie au régiment de Lafère, place qu'il dut encore à la protection de M. de Marbœuf.

Ayant perdu son protecteur, et n'ayant plus le moyen de se soutenir au service, il fut obligé de retourner en Corse, où il commit des crimes de toute espèce, et vint à Marseille en 1793.

Ce fut dans cette ville que M. Dupuis, chef d'un nombreux pensionnat, se trouvant dans une maison où Bonaparte se trouvoit aussi, la conversation tomba sur les malheurs attachés à la couronne dans les temps de révolution. « Savez-vous pourquoi les Rois sont à plaindre, dit tout-à-coup Bonaparte ? — C'est peut-être vous qui nous le direz, répliqua M. Dupuis, étonné de la hardiesse du jeune homme. — Oui, Monsieur, continua ce dernier, et j'ose vous assurer que votre pensionnat est plus difficile à conduire que le premier royaume du monde. La raison en est, que vos élèves ne vous appartiennent point, et qu'un Roi qui veut fortement l'être, fut toujours le maître de ses peuples ». Tout le monde se mit à crier au sophisme. « Criez tant que vous le voudrez, répondit Bonaparte, si j'étois roi, je vous prouverois ce que j'avance ». Ainsi, il manifestoit dans cette conversation, des principes dont nous n'avons malheureusement que trop éprouvé les funestes effets.

Ayant trouvé à Marseille un de ses cousins, nommé Aréna, officier d'artillerie, ce parent lui fit obtenir des proconsuls Barras et Fréron, une place d'officier dans le même corps.

Peu après sa nomination, son régiment eut ordre de se rendre à l'armée qui assiégeoit Toulon. Il donna aux Généraux qui dirigeoient l'artillerie du siège, des conseils qui facilitèrent la prise de la place, et qui furent récompensés par sa nomination au grade de général de brigade.

Après la prise de Toulon, Bonaparte fut employé par Barras comme espion de ses camarades, qui découvrirent bientôt le rôle infâme qu'il jouoit auprès d'eux, et se séparèrent entièrement de lui. La cruauté de son caractère se manifesta en plusieurs occasions : il fut un terroriste dans toute l'étendue de ce mot, prononça des discours en mauvais français, dans les sociétés populaires, et commit des actions dont les Toulonnais ne perdront jamais la mémoire. Ce fut à cette époque qu'il adressa aux représentans du peuple, Robespierre jeune, et Fréron, la lettre suivante :

« Citoyens Représentans, c'est du

champ de la gloire, marchant dans le sang des traîtres, que je vous annonce avec joie, que vos ordres sont exécutés, et que la France est vengée. Ni l'âge, ni le sexe n'ont été épargnés : ceux qui avaient seulement été blessés par le canon républicain, ont été dépêchés par le glaive de la liberté et par la baïonnette de l'égalité. Salut et admiration ».

Signé, Brutus Bonaparte,
Citoyen Sans-Culotte.

C'est ainsi que cet enfant adoptif du Gouvernement tutélaire, qui fit si longtemps notre bonheur, figura parmi ces hommes qui mirent toutes leurs espérances dans l'infraction du pacte social.

Je ne peux me dispenser de consigner ici le sacrilège dont il s'est rendu coupable dans cette même ville de Toulon, où il fit couler tant de sang, avec la joie féroce d'un barbare. Il entra un jour dans une église, monta à l'autel, retira les hosties du saint-ciboire, et le remplit de ses excrémens.

Ayant été envoyé à Nice, sa conduite obligea le représentant Aubry, de le dénoncer comme terroriste, de le casser de son grade, et il reçut de suite, l'ordre de quitter la ville. Son caractère vindicatif ne put oublier la conduite d'Aubry; car ce Député ayant été déporté à Cayenne, le 18 fructidor, Bonaparte, devenu premier Consul, rappela tous les Députés, à l'exception d'Aubry, qui mourut dans son exil.

De retour à Paris, il assiège en vain la porte du bureau de la guerre, et eut beau soliciter de nouveau la protection de Barras; des rapports envoyés par Aubry, étoient de nature à ce qu'il étoit impossible que l'on s'intéressât à lui, lorsque la journée du 13 vendémiaire vint le tirer de la nullité dans laquelle il végétoit.

Treize vendémiaire.

C'est à dater de cette journée, que Buonaparte vit s'ouvrir pour lui, cette carrière politique qui influa si cruellement depuis sur l'Europe entière; et l'on peut dire, avec juste raison, que ce fut par le massacre des paisibles habitans de la capitale, qu'il commença cette réputation colossale qui sera à jamais une époque funeste et mémorable de notre histoire. La veille de cette journée du 13 vendémiaire, quand les sections de Paris se révoltèrent contre la convention, Barras et Carnot étoient fort embarassés sur le choix du général auquel ils confieroient le commandement d'une poignée de misérables que l'on qualifia du nom d'armée républicaine. Ce commandement avoit été offert au général Menou, qui répondit à la commission des Cinq, avec cette franchise qui caractérise un soldat : — « Je suis instruit qu'on arme tous les bandits ; je vous déclare formellement que je ne veux ni sous mes ordres, ni dans mon armée un tas de scélérats et d'assassins, organisés en bataillons de patriotes de 1789 ».

Sur le refus de cet estimable officier-général, le commandement de l'armée républicaine fut confié au représentant du peuple Baras, qui choisit, pour commander en second, le général Bonaparte, *connu par ses talens militaires, et son attachement à la République.*

Ce dernier accepta cette affreuse mission, et s'en acquitta avec un zèle qui surpassa de beaucoup, l'attente de ses protecteurs, et l'on vit dans cette journée, des citoyens paisibles, des curieux de tout âge et de tout sexe, mitraillés froidement par les ordres d'un homme qui faisoit ainsi l'essai du despotisme qu'il se proposoit de faire peser un jour sur sa patrie adoptive. Ce fut à cette occasion, que Vandamme lui dit: « Qu'avez-vous fait là? Bon pour le moment; mais je ne sais si quelque jour vous n'aurez point à vous en repentir. — Laissez donc; lui répondit Bonaparte, vous ne voyez pas que c'est mon cachet que je mets sur la France ».

Cette réponse étoit réellement le cachet de son ambition. Le résultat de ce coup d'essai fut d'être nommé général de division, et commandant général des troupes de l'intérieur.

PREMIÈRE CAMPAGNE D'ITALIE.

C'étoit peu pour lui d'avoir fait la guerre aux partisans de la royauté en France. La famille des Bourbons avoit trouvé un asile honorable chez les peuples voisins ; et l'hospitalité étoit devenue un crime, dès qu'elle avoit pour objet les descendans d'une race qui avoit fourni tant de dignes successeurs à Saint-Louis.

Les états de Venise et de Rome avoient accueilli les princes et les princesses de la famille royale ; aussitôt la guerre est déclarée à ces deux Etats ; et Barras fit nommer général en chef de l'armée destinée pour l'Italie celui qui à la journée du 13 vendémiaire n'avoit pas craint de faire couler le sang des Français. Bonaparte obtint avec ce commandement la main de la veuve du comte de Beauharnais. Il arriva à Nice dans le mois de germinal an 4. Aussitôt le sénat de Venise engagea Monsieur, aujourd'hui Louis XVIII, à quitter Vérone où il avoit établi sa cour. Les princesses qui étoient alors à Rome se retirèrent à Messine, et bientôt après tous les émigrés français qui s'étoient réfugiés dans le grand duché de Toscane, durent chercher ailleurs une terre hospitalière.

Le général Corse osa s'énorgueillir d'un tel triomphe. Dès le 15 prairial, il adressa au directoire une lettre ainsi conçue :

« J'arrive dans cette ville (Vérone) pour en partir de main matin.....; *je n'ai pas caché aux habitans que si le prétendu roi de France n'eût évacué leur ville avant mon passage du Pô, j'aurois mis le feu à une ville assez audacieuse pour se croire la capitale de l'Empire français*....... Les émigrés fuient l'Italie ; plus de quinze cents sont partis cinq jours avant mon arrivée ; ils courent en Allemagne, *porter leurs remords et leur misère.* »

Ce fut dans cette campagne que le caractère féroce et sanguinaire de Bonaparte commença à se développer ; il fit fusiller, sans forme de procès, un assez grand nombre d'employés au commissariat de son armée. Sa conduite envers le duc de Modène excita des remarques sévères dans tous les journaux. Ce prince qui n'étoit pas en guerre avec la France fut obligé de payer une contribution pour racheter ses États du pillage ; mais quand elle fut dans la caisse de l'armée de Bonaparte, le pays fut pillé, et le duc obligé de fuir ; car Bonaparte qui avoit établi son quartier général au palais ducal, saisit tout ce qu'il y trouva.

Je ne rapporterai point ici les victoires qui signalèrent cette campagne d'Italie. On ne peut s'empêcher d'avouer que Bonaparte y déploya de grands talens militaires, qu'il y montra souvent du courage, et presque toujours du sang-froid dans les occasions difficiles. Guidant des Français aux combats, entouré d'une foule d'officiers génnéraux dont les noms vivront dans notre histoire, il dut nécessairement obtenir du succès ; mais il faut convenir aussi qu'il flétrit tous ses lauriers par les vexations en tout genre qu'il fit éprouver aux peuples qu'il venoit de soumettre, puisqu'à l'instant même qu'il s'occupoit à négocier avec le Saint-Siége, il s'emparoit de plusieurs villes des Etats du Saint-Père, entre autres de Macretta et de Loretta qu'il dépouilla des objets précieux consacrés à la vénération publique ; et que lors de la suspension des hostilités avec la cour de Rome, le Saint-Père ayant été imposé à une somme considérable, Bonaparte en demanda le versement dans les vingt-quatre heures. Sr Sainteté sollicita vainement un délai de quelques jours pour se procurer la somme exigée. Le général en chef demanda qu'on lui remit en nantissement les diamans du Saint-Siége qu'il devoit rendre dans trois mois, et lorsqu'il auroit reçu le montant de la contribution militaire ; mais sans attendre l'expiration de ce délai, il envoya à Gênes vendre les diamans ; jaloux, sans doute, de joindre à tous les titres qu'il méritoit déjà celui de dépositaire infidèle.

Le traité de Léoben ayant terminé cette campagne, Bonaparte revint à Paris, riche de vingt-quatre millions, fruits de ses conquêtes et de ses rapines.

EXPÉDITION D'ÉGYPTE.

La réputation que Bonaparte s'étoit acquise dans la campagne d'Italie, ayant éveillé les craintes du Directoire sur son génie audacieux et entreprenant, celui-ci imagina, pour se débarrasser de ce général, de le nommer au commandement de l'armée d'Angleterre. C'est le nom que le Directoire donnoit à une armée qu'il se proposoit d'envoyer en Irlande. Bonaparte informé de sa nomination à ce commandement ayant représenté aux cinq membres qui composoient le gouvernement les difficultés insurmontables d'une pareille entreprise, comme on vouloit à tout prix l'éloigner, on imagina l'expédition d'Egypte.

Il partit donc, et signala son premier exploit par s'emparer, sous le prétexe astucieux de faire de l'eau, de l'île de Malte qui, au milieu des crises politiques de l'Europe, avoit voulu conserver une neutralité absolue, garant de son indépendance, de Malte enfin dont le seul crime étoit de prêter une asile aux Français fidèles à l'honneur et à leur Roi.

Bonaparte débarqua devant Alexandrie, le 13 messidor an 6. Des succès éclatans signalèrent ses premières marches.

Le combat d'El-Arych, le siége du fort de ce nom, et le combat de Gaza ajoutèrent à la gloire de nos armes; mais le siége et la prise de Jaffa furent souillés par trop d'horreurs, pour que nous puissions nous énorgueillir d'un tel avantage. « A cinq heures, (dit le général en chef) nous étions maîtres de la ville, qui pendant vingt-quatre heures, fut livrée au pillage et à toutes les horreurs de la guerre, qui jamais ne m'a paru si hideuse ; quatre mille hommes des troupes de Diezzar ont été passés au fil de l'épée, et il y avoit huit cents canonniers; une partie des habitans a été massacrée. »

Comment un tel spectacle pouvoit-il paroître hideux au chef qui l'avoit ordonné lui qui, après la prise de cette ville, commit l'atrocité suivante ?

Une partie de la garnison s'étant réfugiée dans la Mosquée, implora la pitié des vainqueurs, et obtint grace de la vie. Cette armée exaspérée et exaltée écoute la voix de l'humanité au milieu du combat le plus furieux. Trois jours après, Bonaparte, qui avoit fortement blâmé le mouvement de pitié éprouvé par ses troupes, résolut de se débarrasser du soin de nourrir trois mille huit cents prisonniers. Il ordonna aux Turcs de se rendre tous sur une hauteur hors de Jaffa, où une division d'infanterie française se plaça en ligne vis-à-vis d'eux. Les Turcs s'alignèrent aussi, et un coup de canon annonça l'horrible scène qui alloit commencer; des volées de mousqueterie et de mitrailles furent tirées au même instant sur ces infortunés qui étoient sans défense. Bonaparte regardoit de loin à travers un télescope, et lorsqu'il vit la fumée s'élever il laissa échapper un cri de joie, car il avoit craint avec raison de ne pas trouver les troupes disposées à se déshonorer par cet atroce massacre. Le général Kléber lui avoit fait les remontrances les plus vigoureuses. Un officier de l'état-major qui commandoit les troupes en l'absence du général, avoit refusé d'exécuter les ordres du chef sans un ordre écrit ; mais Bonaparte, sans donner cet écrit, envoya le major-général pour intimer de nouveau l'ordre verbal.

Dès que les Turcs furent couchés par terre, les soldats français, par un mouvement d'hnmanité, allèrent achever à coups de baïonnettes ceux qui souffroient encore les tourmens de l'agonie ; mais il y en eut un nombre considérable qui languit pendant plusieurs jours.

Une conquête signalée par tant d'horreurs devoit bientôt échapper à Bonaparte ; et il s'embloit que la providence voulût déjà l'avertir combien sont fragiles des lauriers souillés par le crime.

La terreur devoit influer puissamment sur des peuples d'un caractère doux et paisible. Aussi Bonaparte ne négligea aucune occasion d'effrayer ses ennemis, par le spectacle d'atrocité de tout genre. Qu'on ne nous accuse pas cependant de charger ici le tableau ; nous n'indiquerons qu'une partie des actes sanguinaires dont il s'est vanté lui-même, et l'horreur que de tels souvenirs inspirent, peut donner une idée de celle qu on auroit à éprouver, si toutes les victimes de sa barbarie se levoient à-la-fois pour l'accuser.

Nous avons vu Jaffa livré au pillage, et ses habitans massacrés.

Forcé de lever le siège de Saint-Jean-d'Acre, Bonaparte voulut aussi laisser à cette ville des souvenirs dignes de lui.

En écrivant au Directoire que son but se trouve rempli, et que l'Egypte l'appelle, il ajoute : « Je fais placer une batterie de vingt-quatre pour faire raser le palais de Diezzar et les principaux monumens de la ville. Je fais jeter un millier de bombes qui, dans un endroit aussi resserré, doivent faire un mal considérable. *Ayant réduit Saint Jean-d'Acre en un monceau de pierres*, je passerai le désert prêt à recevoir l'armée européenne ou turque, qui en messidor ou thermidor voudroit débarquer en Egypte. »

Quelques jours après il rend compte au directoire du résultat de cette honorable entreprise. « Les batteries de mortiers et de vingt-quatre furent établies, dit-il, comme je vous l'ai annoncé dans la journée du 25 floréal, pour raser la maison de Diezzar, et détruire les principaux monumens de Saint-Jean-d'Acre ; elles jouèrent pendant soixante-douze heures, et remplirent l'effet que je m'étois proposé : *Le feu fut constamment dans la ville.* »

Dans toutes ses proclamations aux peuples de l'Egypte, il employoit ordinairement, afin de les séduire, le langage d'un inspiré. Je vais en rapporter quelques passages.

« *Dieu est clément et miséricordieux* : il est bon que vous sachiez que tous les efforts humains sont inutiles contre moi ; car tout ce que j'entreprends doit réussir ; ceux qui se déclarent mes amis prospèrent, ceux qui se *déclarent mes ennemis périssent.* L'exemple qui vient d'avoir lieu à *Jaffa et à Gaza doit vous faire reconnoître que, si je suis terrible pour mes ennemis, je suis bon pour mes amis.* »

« Si les habitans de Jérusalem, dit-il, étoient assez insensés pour préférer la guerre, je la leur porterois moi-même : *Ils doivent savoir que je suis terrible, comme le feu du ciel, contre mes ennemis.* »

Dans sa première proclamation aux habitans d'Alexandrie, il s'exprimoit ainsi : « Quadhys, cheiks, imans, tchorbadjys, *dites au peuples que nous sommes de vrais Musulmans.* N'est-ce pas nous qui avons détruit le pape, qui disoit qu'il alloit faire la guerre aux Musulmans? N'est-ce pas nous qui avons détruit les chevaliers de Malte, parce que ces insensés croyoient que Dieu vouloit qu'on fît la guerre aux Musulmans ? N'est-ce pas nous qui avons été dans tous les temps les amis du Grand Seigneur (que Dieu accomplisse ses desseins) et les ennemis de ses ennemis ? Les Mamelouks, au contraire, ne se sont-ils pas toujours révoltés contre l'autorité du Grand Seigneur, qu'ils méconnoissent encore ? ils ne font que leurs caprices.

« Trois fois heureux ceux qui seront avec nous ! ils prospéreront dans leur fortune et leur rang. Heureux ceux qui seront neutres ! ils auront le temps de nous connoître, et se rangeront avec nous.

« Mais malheur, trois fois malheur, à

ceux qui s'armeront pour les Mamelouks, et combattront contre nous: il n'y aura pas d'espérance pour eux; ils périront. »

Que l'on compare maintenant la lettre suivante avec cette proclamation.

Le 1er. ventose an 5.

« Très-Saint-Père, je dois remercier sa Sainteté des choses obligeantes contenues dans la lettre qu'elle s'est donné la peine de m'écrire.

« La paix entre la république française et votre Sainteté vient d'être signée. Je me félicite d'avoir pu concourir à son repos particulier. Toute l'Europe connoît les inclinations pacifiques et les vertus conciliatrices de votre Sainteté. La République française sera, j'espère, une des amies les plus vraies de Rome. J'envoie mon aide-de-camp, chef de brigade, pour exprimer à votre Sainteté l'estime et la vénération parfaites que j'ai pour sa personne, et je la prie de croire au désir que j'ai de lui donner, dans toutes les occasions, les preuves de respect et de vénération avec lesquelles j'ai l'honneur d'être son très-obéissant serviteur »

Bonaparte.

Mais reprenons nos citations. « Chérifs, eû lemâs orateurs des Mosquées, faites bien connoître au peuple, que ceux qui de gaîté de cœur se déclareroient mes ennemis, *n'auront de réfuge ni dans ce monde, ni dans l'autre. Y auroit-il un homme assez aveugle pour ne pas voir que le destin lui-même dirige toutes mes opérations ?* Y auroit-il quelqu'un assez incrédule pour révoquer en doute que tout, dans ce vaste univers, est soumis au destin ?

« *Faites connoître au peuple que, depuis que le monde est monde ; il étoit écrit, qu'après avoir détruit les ennemis de l'Islamisme, fait abattre les croix, je viendrois du fond de l'Occident remplir la tâche qui m'a été imposée.*

« *Je pourrois demander compte à chacun de vous des sentimens les plus secrets de son cœur ; car je sais tout, même ce que vous n'avez dit à personne ; mais un jour viendra que tout le monde verra avec évidence que je suis conduit par des ordres supérieurs, et que tous les efforts humains ne peuvent rien contre moi :* heureux ceux qui de bonne foi sont les premiers à se mettre avec moi ! »

C'est ainsi que par une fourberie adroite, aborant alternativement l'étendard de la religion catholique et celui du mahométisme, il abusoit de la crédulité des peuples qui se confioient en ses promesses.

Cependant de tels triomphes ne pouvoient être de longue durée. L'aspect des grands crimes effraie d'abord; mais il donne ensuite l'énergie de l'indignation et du désespoir, qui supplée souvent au courage. On fuit à l'approche d'un tigre qui porte la désolation et la mort dans les campagnes ; mais bientôt chacun s'arme pour l'attaquer, et l'on ne craint plus la mort, puis qu'on peut la rendre utile à son pays.

Retraçons ici les calamités de toute espèce qui ont pesé sur nos braves soldats dans le cours de cette mémorable campagne.

Un officier de l'armée française écrivit à ses parens, le 9 thermidor an 6 : « Je crois que nous nous sommes bien trompés sur cette entreprise si belle et si vantée; je crois même qu'en réussissant à soumettre l'Egypte, nous aurons bien de la peine à retirer de cette opération tout le fruit que l'on en attendoit. Nous trouvons partout beaucoup de résistance, et plus encore de trahison ; il est impossible à un Français de s'écarter seul de quelques portées de fusil de l'endroit habité, sans courir le risque d'être assassiné, ou d'être victime d'une passion affreuse très-en vogue dans ce pays, surtout de la part des Mamelouks et des Arabes bédouins. »

L'un des savans attachés à l'expédition, disoit dans une lettre du 8 thermidor an 8: « C'est après une marche très-fatiguante, *sans pain pour manger, ni eau pour boire, que l'armée est arrivée ici.* »

« Je connois donc maintenant la possibilité de s'habituer au carnage. J'ai marché au milieu de trois mille Mamelouks tués ; mylord trembloit sous mes jambes, mes yeux s'arrêtoient sur ces victimes de l'ambition et de la vanité, et je dis : *Nous traversons des mers, nous bravons une flotte anglaise ; nous débarquons dans un pays qui ne pensoit pas à nous, nous pillons les Villages, ruinons les habitans et violons leurs femmes ; nous risquons de mourir de faim et de soif ; nous sommes sur le point d'être assassinés ; et tout cela pourquoi ? Nous l'ignorons encore.* »

Un capitaine, dans une lettre du 9 thermidor an 6, fait un détail aussi énergique des malheurs de l'armée française.

« Nous avons marché dix-sept jours sans pain, sans vin ni eau-de-vie, et cinq jours sans eau, dans des plaines brûlantes et l'ennemi continuellement à nos trousses. Figurez-vous que nous avions à combattre des barbares qui ne connoissent point les lois de la guerre, et, par conséquent, qui exerçoient toutes les cruautés imaginables envers les malheureux Français qui tombaient entre leurs mains... »

« Croirez-vous que, pendant dix-sept jours, notre nourriture n'a été que des pastèques et des melons d'eau. Cè qui a fait qu'un nombre infini de militaires sont morts de faim et de soif. »

« Malgré les pauvres malheureux qui tombaient en défaillance, nous étions obligés de marcher en colonnes serrées, parce que la cavalerie profitait du moment où nous étions en désordre pour nous charger, et nous faisoit un mal considérable. Jour et nuit nous étions sous les armes, ce qui nous causait des fatigues mortelles. *Le mécontentement étoit peint sur tous les visages. Les soldats étoient sur le point de refuser de marcher; plu-*

sieurs militaires se sont brûlé la cervelle, et d'autres se sont précipités dans le Nil; il s'est commis des choses terribles. »

Les officiers supérieurs présentent les mêmes détails, et rendent compte des mêmes faits, presque dans les mêmes termes, parce que la vérité n'a qu'un langage.

Voici un passage d'une lettre adressée à ses parens par un adjudant-général, le 10 thermidor de la même année.

« Figurez-vous une armée obligée de passer au travers de plaines arides, qui n'offrent pas même au soldat un asile contre les chaleurs insupportables qui y règnent, le soldat portant pour cinq jours de vivres, chargé de son sac, habillé de laine; au bout d'uue heure de marche, accablé par le chaud et la pesanteur des effets qu'il porte; se décharge et jette ses vivres, ne songeant qu'au présent, sans penser au lendemain. Arrive la soif, et il ne trouve pas d'eau, la faim, pas de pain. C'est ainsi qu'à travers les horreurs que présente ce tableau, on a vu des soldats mourir de soif, d'inanition, de chaleur; d'autres, voyant les souffrances de leurs camarades, se brûler la cervelle, d'autres se jeter armes et bagages dans le Nil, et périr au milieu des eaux. »

« Chaque jour de nos marches nous offrait un pareil spectacle; et chose inouïe, et que personne ne croira facilement. C'est que l'armée entière, pendant une marche de dix-sept jours n'a pas eu de pain. »

Enfin c'est à la barbarie du général en chef qu'il faut imputer celle de nos ennemis dont tant de Français furent les victimes : c'est un aveu bien pénible sans doute, mais que doivent faire, ainsi que nous, tous ceux qui ont parcouru les détails de cette fameuse expédition : *L'assassinat de nos soldats et de nos généraux ne fut qu'une juste représaille des traitemens atroces que les Egyptiens avoient eu à souffrir de nous.* »

Bonaparte voyant qu'il ne pourroit résister à l'orage qui s'élevoit de toutes parts contre lui, après avoir remis à Kléber le commandement de l'armée, s'embarqua secrètement pour la France, abandonnant ainsi à toutes les vengeances nombre de braves qu'il avoit entraînés dans ces contrées lointaines. Après son départ, la convention de El-Arisch fut signée. Kléber qui lui avoit succédé avoit par ce traité la liberté de revenir en France, où il se proposoit, en arrivant, d'inculper Bonaparte de tous les crimes dont il s'étoit rendu coupable en Egypte. Malheureusement la convention ne fut pas ratifiée. Tallien qui étoit de l'expédition et propriétaire d'un journal français, intitulé : *le Courrier d'Egypte*, y avoit inséré la liste des atrocités commises par Bonaparte, afin de les faire connoître à l'armée qu'il venait de déserter. Mais Bonaparte fut instruit bientôt par Menou de tout ce qui se passoit; et Kléber fut assassiné. On a attribué sa mort au patriotisme d'un Arabe, mais l'assassinat fut conçu et ordonné par Bonaparte. Menou avoit reçu ses instructions à ce sujet, soit au départ du général en chef, soit en réponse aux avis qu'il lui donna de ce qui se passait depuis son absence. Si le patriotisme eût armé le bras d'un Egyptien, il eût dirigé le poignard sur Bonaparte lorsqu'il étoit en Egypte, et non sur Kléber, qui dans ces contrées, comme dans toutes celles où il a fait la guerre, étoit connu pour un homme bon, honnête et bienveillant.

L'Arabe fut cependant victime de son

patriotisme; il fut jugé par un tribunal secret, et on n'a pas plus connu ce qui s'y passa, qu'on n'a connu ce qui se passoit en France aux assassinats nocturnes qui se commettoient dans les prisons de Bonaparte.

Le récit de tels forfaits n'est rien en comparaison de celui-ci :

Bonaparte voyant en Egypte, ses hôpitaux encombrés de malades, envoya chercher un médecin dont le nom mériterait d'être gravé en lettres d'or. Le médecin étant venu, le général entra dans une longue conversation sur les dangers de la contagion, et termina ses discours par cette remarque : Il faut prendre un parti ; il n'y a que la destruction de tous les malades actuellement dans les hôpitaux qui puisse arrêter le mal. Le médecin effrayé de cette proposition atroce et cruelle, fit les remontrances les plus fortes au nom de l'humanité et de la vertu ; mais voyant que Bonaparte persistoit dans ses idées et proféroit des menaces, il sortit de la tente, en disant ces paroles remarquables : ni mes principes, ni la dignité de ma profession ne me permettent de devenir un assassin : et si, pour former un grand homme, il faut absolument des qualités semblables à celles que vous paroissez vanter, je remercie Dieu de ne pas les posséder.

Des considérations morales ne peuvent détourner Bonaparte de ses desseins; il y persévéra, et trouva enfin un pharmacien, qui, redoutant sa puissance, consentit à exécuter ses ordres criminels; mais qui dans la suite a soulagé sa conscience par un franc aveu de toute l'affaire. Le pharmacien, d'après les instructions du général Bonaparte, fit mêler une forte dose d'opium dans quelques mets agréables. Les pauvres victimes en mangèrent avec avidité et avec joie; peu d'heures après, cinq cents quatre-vingts soldats, qui avaient tant souffert pour leur pays, périrent misérablement par les ordres de celui qui étoit alors l'idole de leur nation. »

D'après un crime aussi atroce, peut-on se fier à l'ordre du jour ci-après, en date du 11 fructidor, que l'on trouve parmi ceux qu'il publia pour l'organisation de l'armée d'Egypte.

« Il ne sera fait dans l'armée, qu'un seul pain, pour tous les individus, sans aucune exception, même du général en chef.

Il sera fait un pain plus soigné, uniquement pour les hôpitaux. »

LE 18 BRUMAIRE.

Pendant l'absence de Bonaparte, le Directoire désuni par les opinions politiques de ses membres, fomentoit une révolution dont le but étoit de se débarrasser de ceux des deux conseils qu'on soupçonnoit songer au rappel des Bourbons. Parmi ces derniers il se trouvoit aussi des hommes qui songeoient de leur côté à renverser le Directoire. Les opinions étant ainsi partagées, les vœux étoient incertains, lorsque Bonaparte arriva à Paris le 16 vendémiaire an 8.

Déserteur de ses drapeaux, il parut aux conspirateurs l'homme qui devoit le mieux servir leur projet. Des réunions secrètes eurent lieu ; quelques-uns encensèrent encore le héros trahi par la fortune ; d'autres tremblèrent en songeant à la journée du 13 vendémiaire. Ainsi l'adulation et la crainte servirent également Bonaparte ; il fut proclamé chef du parti qui devoit triompher.

Tout Paris savoit qu'il se préparoit un changement dans la forme du gouvernement, et il étoit facile de juger par les discours des membres des deux chambres qui étoient dans le secret, qu'on méditoit une révolution.

La conjuration ainsi formé, son exécution devoit avoir lieu le vendredi 8 novembre 1799; mais Bonaparte sans donner aucun motif, et contre l'avis de tous les conjurés, ajourna l'affaire au lendemain. Ce délai, qui pouvoit tout faire échouer, ne peut s'expliquer que par le préjugé populaire qui menace d'un mauvais succès toute chose entreprise un vendredi; l'esprit de Bonaparte allioit au mépris des vrais principes religieux, le respect des plus misérables supertitions.

Les deux conseils ayant été convoqués à Saint-Cloud, au nom de celui des Anciens, par un décret proposé par la commission des inspecteurs, Bonaparte fut chargé de son exécution, et de prendre les mesures nécessaires pour la sûreté de la représentation nationale.

Appelé à la séance du conseil des anciens, il y prononça un discours qu'il termina par ces mots : « La constitution, les droits du peuple ont été violés plusieurs fois, et puisqu'il ne nous est plus permis de rendre à cette constitution le respect qu'elle devoit avoir, sauvons au moins les bases sur lesquelles elle repose; *sauvons la liberté, l'égalité*; trouvons des moyeus d'assurer à chaque homme la liberté qui lui est due, et que la constitution n'a pas su lui garantir. *Je vous déclare qu'aussitôt que les dangers qui m'ont fait confier des pouvoirs extraordinaires seront passés*, j'abdiquerai ces pouvoirs. Je ne veux être à l'égard de la magistrature que vous avez nommée, que le bras qui la soutiendra et fera exécuter ses ordres.

« Plusieurs membres du conseil des Anciens savent que je les ai entretenus des propositions qui m'ont été faites, et je n'ai accepté l'autorité que vous m'avez confiée, que pour soutenir la cause de la République. Je ne vous le cache pas, représentans du peuple; en prenant le commandement, je n'ai compté que sur le conseil des Anciens. Je n'ai point compté sur le conseil des Cinq Cents où se trouvent des hommes qui voudroient nous rendre la Couvention, les Comités révolutionnairss et les échafauds ; sur ce conseil, dont les chefs de ce parti viennent de prendre séance en ce moment; sur ce conseil des Cinq Cents, d'où viennent de partir des émissaires chargés d'aller organiser un mouvement à Paris.

« Que ces projets criminels ne vous effraient point, représentans du peuple; environné de mes frères d'armes, je saurai vous en préserver; j'en atteste votre courage, vous, mes braves camarades; vous, aux yeux de qui on voudroit me peindre comme un ennemi de la liberté ! vous, grenadiers, dont j'aperçois les bonnets; vous, braves soldats, dont j'aperçois les baïonnettes, que j'ai fait si souvent tourner à la honte de l'ennemi, à l'humiliation des rois, que j'ai employées à fonder des républiques ! et si quelque orateur, payé par l'étranger, parloit de *me mettre hors de la loi*, qu'il prenne garde de porter cet arrêt contre lui-même ! S'il parloit de me mettre hors de la loi, j'en appellerois à vous, mes braves compagnons d'armes; à vous braves soldats, que j'ai tant de fois menés à la victoire; à vous, braves défenseurs de la République et avec lesquels j'ai partagé tant de périls pour affermir la liberté, l'égalité ; je m'en remettrois, mes amis, au courage de vous tous et à ma fortune.

« Je vous invite, représentans du peuple, à vous former en comité général, et à y prendre des mesures salutaires que l'urgence des dangers commande impérieusement. Vous trouverez toujours mon bras pour faire exécuter vos résolutions. »

Je vais aussi rapporter quelques phrases de sa proclamation à cette époque :

« Dans quel état, disoit-il, j'ai laissé la France ! Dans quel état je la retrouve ! Je vous avois laissé la paix, et je trouve la guerre ! Je vous avois laissé des conquêtes, et l'ennemi passe vos frontières ! J'ai laissé vos arsenaux garnis, et je n'ai pas trouvé une arme ! Vos canons ont été vendus ; le vol a été érigé en système, on a eu recours à des moyens vexatoires, réprouvés par la justice et le bon sens ; on a livré le soldat sans défense. Où sont les braves, les cent mille camarades que j'ai laissés couverts de lauriers ? Que sont-ils devenus ? Ils sont morts.... »

On aurait pu lui faire au 31 mars 1814, et après la sanglante bataille du Mont-Saint-Jean, les mêmes questions.

Si j'ai rapporté ces deux fragemens, ce n'est que pour montrér avec quelle adresse il s'empressoit à capter les esprits sous le prétexte du bien public, afin d'usurper à son tour le pouvoir qu'il venoit de détruire.

Ce fut après le 18 brumaire que le directeur Barras ayant envoyé sa démission à Bonaparte par son secrétaire Botot, espérant que le général n'oublieroit pas qu'il avoit été son premier protecteur, en reçut la réponse suivante :

« Allez dire à cet homme que je ne veux plus le voir, et que je saurai faire respecter l'autorité qui m'est confiée. »

Ce trait prouve sa reconnoissance.

Il montra au conseil des Cinq-Cents une pusillanimité bientôt opposée à l'audace qu'il déploya dans celui des Anciens, près d'être mis hors de la loi, il quitta la salle ; monta à cheval : et la tête perdue ; il se dirigea vers Paris, en criant : *Je suis le Dieu de la guerre* ; sans la fermeté de Murat qui le ramena, et l'énergie de Lucien qui présidoit alors le conseil des Cinq-Cents, et qui rentrèrent dans la salle à la tête des soldats, la France n'auroit jamais eu à subir le joug de son despotisme; enfin le résultat de ces deux fameuses journées des 18 et 19 brumaire fut l'anéantissement du Directoire et la nomination de Bonaparte au Consulat.

CONSULAT.

Ce fut après avoir été nommé premier Consul qu'une commission législative, choisie dans les deux conseils, se réunit aux trois consuls provisoires pour rédiger une constitution qui, entr'autres articles, établit le Sénat, le Conseil-d'Etat, le Corps-Législatif et le Tribunat. Il falloit cependant réparer les désordres des dernières campagnes d'Italie, et Bonaparte sentant que la réunion de toutes ses forces étoit nécessaire, pour se promettre quelques succès, il se détermina à faire la proposition d'un armistice à l'Angleterre, qui étoit alors en guerre avec la France; mais cette puissance s'y refusa.

A peine quelques mois avoient été consacrés à l'organisation des tribunaux et des autorités administratives, qu'il se hâta de ploclamer le fatal systême qui devoit tout détruire, ce systême effrayant qui devoit faire de la France une nation de soldats, et ôter à notre malheureuse patrie jusqu'à l'espérance d'un meilleur avenir.

Régulariser et completter l'institution, qui jusqu'alors n'avoit presque existé qu'en principe, l'institution funeste de la conscription, fut le premier soin du conquérant législateur.

Qu'il me soit permis de retracer ici le tableau de cette loi atroce et de la manière dont il en abusa.

La Scandinavie appelée par un historien la *fabrique du genre humain*, n'auroit pu fournir assez d'hommes à cette loi homicide. Le Code de la conscription sera un monument éternel du règne de Bonaparte. Là, se trouve réuni tout ce que la tyrannie la plus subtile et la plus ingénieuse peut imaginer pour tourmenter et dévorer les peuples; c'est véritablement le Code de l'enfer. Les générations de la France étoient mises en coupes réglées comme les arbres d'une forêt. Chaque année quatre-vingt mille jeunes gens étoient abattus. Mais ce n'étoit-là que la mort régulière : souvent la conscription étoit doublée, ou fortifiée par des levées extraordinaires; souvent elle dévoroit d'avance les futures victimes, comme un dissipateur emprunte sur le revenu à venir. On avait fini par prendre sans compter. L'âge légal, les qualités requises pour mourir sur un champ de bataille n'étoient plus considérés ; et la loi montroit à cet égard une merveilleuse indulgence. On remontoit vers l'enfance, on descendoit vers la vieillesse : le réformé, le remplacé étoient repris ; tel fils d'un pauvre artisan, racheté trois fois au prix de la petite fortune de son père, étoit obligé de marcher. Les maladies, les infirmités, les défauts du corps n'étoient plus une raison de salut. Des colonnes mobiles parcouroient nos provinces comme un pays ennemi, pour enlever au peuple ses derniers enfans. Si l'on se plaignoit de ces ravages, on répondoit que les colonnes mobiles étoient composées de beaux gendarmes qui consoleroient les mères et leur rendroient ce qu'elles auroient perdu. Au défaut du frère absent, on prenoit le frère présent. Le père répondoit pour le fils, la femme pour le mari ; la responsabilité s'étendoit aux parens les plus éloignés et jusqu'aux voisins. Un village devenoit solidaire pour le conscrit qu'il avoit vu naître. Des garnisaires s'établissoient chez le paysan, et le forçaient de vendre son lit pour les nourrir, jusqu'à ce qu'il eût trouvé le conscrit caché dans les bois. L'absurde se mêloit à l'atroce; souvent on demandoit des enfans à ceux qui étoient assez heureux pour n'avoir point de postérité. On employoit la violence pour découvrir le porteur d'un nom qui n'existoit que sur le rôle des gendarmes, ou pour avoir un conscrit qui servoit déjà depuis cinq ou six ans. Des femmes grosses ont été mises à la torture, afin qu'elles révélassent le lieu où se tenoit caché le premier né de leurs entrailles; des pères ont apporté le cadavre de leur fils pour prouver qu'ils ne pouvoient plus fournir ce fils vivant. Il restoit encore quelques familles dont les enfans plus riches s'étoient rachetés; ils se destinoient à former un jour des magistrats, des savans, des propriétaires si utiles à l'ordre social dans un grand pays; par le décret des gardes d'honneur, on les a enveloppés dans le massacre universel. On en étoit venu à ce point de mépris pour la vie des hommes et pour la France, d'appeler les conscrits la *matière première*, et la *chair à canon*. On agitoit quelquefois cette grande question parmi les pourvoyeurs de chair humaine : savoir combien de temps duroit un conscrit; les uns prétendoient qu'il duroit trente-trois mois, les autres trente-six. Bonaparte disoit lui-même: j'ai 300,000 *hommes de revenu.*

Que lui importaient les victimes de sa fureur guerrière et dévastatrice ? N'avait-il pas la conscription ? Quels maux cette loi seule ne versa-t-elle pas sur la France ? Chaque jour des dispositions nouvelles qu'il aggravoit sans cesse. Avec quelle cruauté toujours croissante, et quel despotisme Bonaparte n'éludoit-il pas cette même loi, ne la violoit-il pas pour la rendre plus barbare encore ! Ne respectant pas les barrières qu'il avoit posées lui-même, reprenant ceux qui s'étoient plusieurs fois légalement rachetés, les comprenant sons des dénominations différentes dans de nouveaux enrôlemens militaires, devançant l'âge qu'il avoit fixé, ces infortunés enlevés à leur chaumière avant d'être parvenus à l'âge d'homme, se prenoient à pleurer, et crioient en tombant frappés par le boulet : Ah ! ma mère ! ma mère ! cri déchirant qui accusoit l'âge tendre de l'enfant arraché la veille à la paix domestique, de l'enfant tombé tout-à-coup des mains de sa mère dans celle de son barbare souverain; tels étoient les moyens affreux qu'il prenoit pour remplacer par de nouvelles victimes celles péries par le fer meurtrier et la foudre du dieu des combats; et si le ciel n'eût arrêté sa fureur, la France entière n'auroit bientôt offert que des femmes, des enfans, des mutilés et des vieillards blanchis par l'âge, et près de descendre au tombeau.

Enfin, Bonaparte fit périr dans les onze années de son règne, plus de cinq millions de Français, ce qui surpasse le nombre de ceux que nos guerres civiles ont enlevés pendant trois siècles, sous les règnes de Jean, de Charles V, de Charles VI, de Henri II, de François II, de Charles IX, de Henri III et de Henri IV. Dans les douze derniers mois de son règne affreux, ce tyran leva (sans compter la garde nationale) treize cent trente mille hommes, ce qui étoit plus de cent mille hommes par mois : et on osoit lui dire qu'il n'avoit dépensé que le luxe de la population.

Ce fut donc, et pour se garantir d'une invasion sur nos côtes, de la part de l'Angleterre, et pour reprendre l'offensive en

Italie, qu'il créa cette loi qui appeloit la jeunesse à la défense de la patrie, loi qui dans les mains d'un législateur éclairé, pouvoit assurer la tranquillité de l'Etat, mais qui dans les siennes, devint l'instrument de la dévastation. Plusieurs succès éclatans signalèrent la dernière campagne d'Italie, la victoire de Marengo surtout, fit oublier toutes celles qui avoient illustré nos précédentes campagnes; mais elle fut payée bien chère, par la mort du brave général Desaix. Ce général avoit fait partie de l'expédition d'Egypte; à son arrivé à Paris, il apprit le départ de Bonaparte pour l'Italie; le ministre de la guerre alors lui donna, sur-le-champ, le commandement de l'armée de réserve qui étoit déjà partie de Dijon pour se rendre à sa destination. Cette nomination ne pouvoit plaire à Bonaparte qui avoit su par Menou, que Desaix étoit d'accord avec Kléber et Talien, pour le dénoncer à leur arrivée en France, comme assassin et déserteur. Il n'en témoigna rien, mais se promit bien de profiter de la première occasion, pour se débarrasser de Desaix.

Ce dernier avoit deux aides-de-camp, et ce fut l'un d'eux que choisit Bonaparte pour servir ses horribles projet. Desaix fut atteint, au plus fort du feu de l'ennemi, d'une balle partie de derrière lui, et reçut un coup de poignard entre les épaules, dont il expira sur-le-champ.

On a prétendu que Desaix avoit dit en mourant : « Allez dire au premier Consul que je meurs avec le regret de n'avoir pu me signaler de manière à transmettre mon nom à la postérité. »

Desaix n'avoit pas eu le temps de dire ces belles paroles ; l'assassin avoit trop bien pris ses mesures. Il n'y a pas un militaire présent à cette bataille, qui ne sache que Desaix fut blessé par derrière.

C'est un fait connu que le premier Consul avoit perdu la bataille de Marengo, lorsque Desaix arriva avec le corps de réserve, se précipita sur l'ennemi, et changea le sort de la journée. Quand on vint apprendre sa mort à Bonaparte, l'hypocrite s'écria : *Pourquoi ne puis-je pleurer ?*

Cependant, quelques évènemens heureux firent luire un rayon de bonheur sur la France.

Dans le mois de vendémiaire an X, la paix fut faite avec la Russie et avec le royaume de Portugal. Des préliminaires de paix furent signés avec la Porte Ottomane et avec l'Angleterre; et la pacification des départemens de l'Ouest vit s'éteindre la guerre intestine qui avoit désolé ces contrées. A cette occasion, Bonaparte montra une perfidie inconnue jusqu'alors, parmi les peuples policés. Sa première victime fut un chef de royalistes de la Normandie. M. de Frotté eut la noble imprudence de se rendre à une conférence où on l'attira sur la foi d'une promesse; il fut arrêté et fusillé. Peu de temps après, Toussaint-l'Ouverture fut enlevé également par trahison en Amérique, et étranglé dans le château où on l'enferma en Europe.

Après le traité d'Amiens, Chabot, président du Tribunat, fit la motion qu'il fût donné un gage éclatant de la reconnoissance nationale au général Bonaparte. Cette motion ayant été adoptée à l'unanimité, quinze Membres du Tribunat se transportèrent au palais du Gouvernement, et félicitèrent Bonaparte sur le traité d'Amiens, et lui donnèrent connoissance de cet arrêté.

Voici la réponse du général : « Je ne

désire d'autre gloire que celle d'avoir rempli toute entière la tâche qui m'est imposée. Je n'ambitionne d'autre récompense que l'affection de mes concitoyens. Heureux s'ils sont bien convaincus que les maux qu'ils pourront éprouver, seront toujours pour moi les maux les plus sensibles; que la vie ne m'est chère que par les services que je puis rendre à la patrie; que la mort même n'aura point d'amertume pour moi, si mes derniers regards peuvent voir le bonheur de la république aussi assuré que sa gloire. »

Cependant il fut déclaré Consul à vie. Alors il répondit modestement à la députation du Sénat : La vie d'un Citoyen est à sa patrie; le peuple français veut que la mienne toute entière lui soit consacrée.... J'obéis à sa volonté.

Parvenu à son but en France, il voulut encore se faire nommer président de la République italienne. Il assembla donc à Lyon les principaux citoyens de cette république. Dans le discours qu'il leur adressa, on remarque ces phrases : « Je vous ai réunis à Lyon, autour de moi, comme les principaux citoyens de la Cisalpine : vous m'avez donné les renseignemens nécessaires pour remplir la tâche auguste que m'imposoit mon devoir comme premier magistrat du peuple français, comme l'homme qui a le plus contribué à votre création.

« Les choix que j'ai faits pour remplir vos premières magistratures l'ont été indépendamment de toute idée de parti, de tout esprit de localité.

« Celle de président, je n'ai trouvé personne parmi vous qui eût encore assez de droits sur l'opinion publique, qui fût assez indépendant de l'esprit de localité, et qui eût enfin rendu d'assez grands services à son pays, pour la lui confier.

« Les circonstances extérieures et intérieures dans lesquelles se trouve votre patrie, m'ont vivement pénétré. J'adhère à votre vœu; je conserverai pendant le temps que les circonstances le voudront, la grande pensée de vos affaires, etc. »

Du moment que Bonaparte arriva au pouvoir, mais surtout quand il eut réussi à se faire nommer Consul à vie, il étoit évident qu'il aspiroit à s'asseoir sur le trône de France, et qu'il vouloit détruire jusqu'à la trace du républicanisme pour s'en frayer le chemin. Mais avant de rien

entreprendre, il essaya d'obtenir l'abdication de Louis XVIII en sa faveur.

Il paroîtra peut-être extraordinaire que Bonaparte ait confié une mission aussi délicate à un étranger plutôt qu'à un Français; c'est pourtant le fait.

Au mois de mars 1806, deux mois avant la rupture avec l'Angleterre, Bonaparte le fit venir et lui dit :

« Je voudrois que vous allassiez à Varsovie pour engager le prétendant à abdiquer en ma faveur. La proposition lui en sera faite par le gouverneur de Varsovie. S'il paroît disposé à accéder à la proposition, vous lui communiquerez les instructions et les pleins pouvoirs de traiter que vous aurez avec lui. J'ai l'intention de lui donner ainsi qu'à sa famille une indemnité. En un mot, il peut devenir Roi de Pologne, et ce royaume peut recouvrer son ancienne splendeur. »

A son arrivée à Berlin, l'émissaire apprit le refus formel de Louis XVIII, de renoncer à son droit au trône. Cette réponse digne de ce monarque, ayant circulé à Paris, on répandit le bruit que Bonaparte, nouveau Sylla, vouloit abdiquer et que les ouvertures faites à Louis XVIII n'étoient que le prélude de cette démarche. Les royalistes qui, en général, étoient alors fort crédules, ne manquèrent pas de propager cette fable.

Quand la réponse du Roi de France arriva à Berlin, l'agent secret de Bonaparte ne l'ayant pas trouvée digne de lui être présentée, il envoya un second message à Louis XVIII, pour représenter à ce Monarque que « s'il persistoit dans sa première réponse, il attireroit sur sa tête des dangers, et que peut-être, on ne lui permettroit pas de rester où il étoit », etc.

Ce Prince répondit avec dignité qu'il ne changeroit rien à sa déclaration.

L'émissaire de Bonaparte n'attendit pas une réponse de Paris, pour savoir s'il se rendroit à Varsovie; cependant à son arrivée dans cette ville, il apprit que les négociations n'étoient pas encore entamées, comme on le lui avoit assuré. En conséquence, il écrivit à Paris pour demander des instructions. Il reçut une réponse en date du 25 avril, et jamais chef de brigands ne donna à un assassin de sa bande des instructions aussi atroces. Je vais les faire connoître.

1°. Le prétendant ayant refusé d'accé-

der à la demande que lui a faite le premier Consul, vous l'enleverez de force, et s'il fait la moindre résistance, vous le tuerez. Comme il est possible que dans le cas d'une rupture avec l'Angleterre, une armée française occupe l'Hanovre, on vous enverra un détachement de troupes françaises, *en habits bourgeois*. Le comte *** en sera informé et donnera des ordres à la régence de Varsovie de ne point envoyer de troupes après vous pour ramener le prétendant.

2°. Vous tâcherez de vous emparer des papiers de M. de la Chapelle, et de M. de la Chapelle lui-même, s'il est possible, ainsi que M. le comte d'Avaray.

3°. Assurez-vous des commis de la poste à Varsovie pour intercepter, ou au moins lire les lettres qu'écrit Louis XVIII, et celles qui lui sont adressées.

Cet horrible plan n'eut heureusement point son exécution, par la crainte qu'eut l'émissaire de Bonaparte de compromettre sa vie. Il aima mieux quitter la Pologne que de se conformer à ces perfides instructions.

Un an après, deux autres émissaires français furent envoyés à Varsovie pour concerter les moyens d'empoisonner Louis XVIII avec tonte sa famille. Cet infernal projet fut découvert, les deux émissaires prirent la fuite. Ce fut alors que la famille royale se décida à quitter Varsovie, et fit très-bien; car très-probablement, tôt ou tard, elle eût été livrée à Bonaparte.

Je vais maintenant rendre compte du lâche assassinat dont le duc d'Enghien à été victime.

ASSASSINAT DU DUC D'ENGHIEN.

Les habitans de Paris, comme je l'ai déjà dit, croyoient et disoient, depuis que la correspondance de Louis XVIII et du gouverneur de Varsovie était publique, que les Bourbons allaient être rappelés. Bonaparte, pour les convaincre qu'il travailloit pour lui et non pour les Bourbons, résolut de se défaire de toute la famille. Ses projets sur Louis XVIII ayant manqué (grâces à l'agent confidentiel de Bonaparte), il conçut le projet d'attirer en France les princes français qui étoient en Angleterre, et de les faire accompagner

par les généraux Pichegru, Georges, etc.

L'affaire de Georges, tourna différemment que ne le vouloit Bonaparte. Ayant échoué dans cette occasion et dans son projet sur Louis XVIII, le besoin de s'abreuver du sang humain lui fit jetter les yeux sur une victime qui est morte avec gloire, et dont le meurtre ne doit jamais être, et ne sera jamais oublié. Si cet assassinat avoit été commandé par la politique, les partisans de Bonaparte pourroient l'excuser ; mais ils ne peuvent pas même recourrir à cette nécessité qui, en politique sert quelque fois d'excuse au crime ; un penchant naturel à la tyrannie et une soif inaltérable de vengeance, sont les seuls motifs de Bonaparte pour verser du sang.

Lorsqu'il fit enlever d'Ettenheim-le duc d'Enghien [illegible] il y avoit trois ans qu'il y vivoit retir[illegible] demeuroit dans une propriété qu'i[illegible]t acquise, et où il s'étoit établi, d[illegible]nt de l'électeur de Bade, et [illegible]ement de Bonaparte lui-même, qui en avoit été instruit par l'électeur.

Le 15 mars 1814, les généraux Ordener et Fririon arrivèrent le soir à Ettenheim.

Le duc d'Enghien venoit de se coucher. Averti qu'on entend du bruit autour de sa maison, il saute de son lit, en chemise, et saisit un fusil, un de ses valets de pied en prend un autre; ils ouvrent la fenêtre. Le duc d'Enghien crie : Qui va là ? Un gendarme répond une impertinence. Le prince et son valet de pied alloient faire feu, lorsque le baron de Greinsteim, premier gentilhomme du duc d'Enghien, lui arracha son arme en lui disant que c'étoit vouloir empirer les choses, qu'entrependre une défense inutile. Ce baron se coucha ensuite tout habillé, après avoir promis au duc de se livrer pour lui, si on venoît pour l'arrêter sans le connaître.

Le prince passe à la hâte un pantalon et une veste de chasse; il n'a pas le temps de mettre ses bottes. On monte l'escalier, on entre le pistolet au poing, et on demande qui est le duc d'Enghien. Malgré la promesse qu'il a faite au prince, le baron de Greinsteim garde le silence; on renouvelle l'interpellation; même silence de la part de celui qui devoit parler dès la première fois, s'il eût été digne de la marque de confiance qu'il avoit reçue. Le prince jette un regard de mépris sur son premier gentilhomme, et dit aux gendarmes : « Si vous venez pour arrêter le duc d'Enghien, vous devez avoir son signalement, cherchez-le. » Ceux-ci, croyant parler à un des gens du duc, répondent : « Si nous l'avions, nous ne vous ferions pas de questions ; puisque vous ne voulez pas le désigner, marchez tous » et en même temps, le duc d'Enghien est saisi au corps par un brigadier de gendarmerie.

On passa sous les fenêtres de la princesse de Rohan. L'amour que le duc d'Enghien avoit pour cette princesse étoit, dit-on, ce qui l'avoit engagé à choisir Ettenheim pour le lieu de sa résidence. Quelles réflexions il dut faire, en côtoyant son domicile avec l'escorte qu'il avoit dans ce moment funeste !

Comme nous l'avons vu plus haut, on l'avoit enlevé de chez lui brusquement, sans lui donner le temps de s'habiller, ni même de se chausser ; il étoit en pantoufles. On fit halte vers un moulin ; là se trouva le bourguemestre d'Ettenheim. On le somma de dire le nom des personnes arrêtées. Il les nomma l'une après l'autre ; le duc d'Enghien fut le troisième reconnu.

Il demanda à envoyer chercher du linge, des habits et de l'argent par son valet de chambre. On le lui accorda. Après le retour de ce domestique, et quand le prince se fut habillé et eut mis des bottes, on se rendit vers le Rhin. On le passa à Koppel. Des voitures attendoient les prisonniers et leurs conducteurs à Rhinan. On voulut placer à côté du prince son premier gentilhomme; il s'y refusa, et demanda le fidèle et brave valet de pied qui seul avoit voulu le défendre. Arrivé à Strasbourg, il fut interrogé sur les motifs de son séjour à Ettenheim; il répondit qu'il s'y étoit fixé à cause de son attachement pour la princesse de Rohan, qui avoit depuis long-temps son habitation dans cette ville. On l'enferma, avec tous les émigrés pris à Ettenheim, dans la citadelle de Strasbourg.

Le 18 mars, de grand matin, les portes de la prison du prince s'ouvrent; des gendarmes entourent son lit, et le forcent de s'habiller à la hâte. Ses gens accourent; il sollicite la permission d'emmener son fidèle valet de pied; on lui dit qu'il n'en aura pas besoin. Il demande quelle quantité de linge il peut emporter avec lui, on lui répond: une ou deux chemises. A ces mots, le duc perdit tout espoir. Prévoyant bien le sort qui l'attendoit, il distribua à ses compagnons d'infortune presque tout l'argent qu'il avoit sur lui; embrassa ses amis, et leur dit un éternel adieu. Quand les portes se refermèrent, ces victimes d'un malheur qu'ils eussent voulu concentrer sur leur tête, purent entendre le bruit des chaînes dont on chargeoit les mains du prince. On courut jour et nuit sans prendre le moindre rafraîchissement.

On arriva, le 20, à quatre heures et demie du soir; aux portes de la capitale, près la barrière Saint-Martin. Là, se trouva un courrier qui apportoit l'ordre de filer le long des murs, et de gagner Vincennes. On y arriva sur les cinq heures. Harel, commandant de Vincennes, dit à sa femme: « Je ne sais quel est ce prisonnier; mais voilà bien du monde pour s'assurer de sa personne! » l'épouse de cet officier étoit la fille de celle qui avoit allaité le duc d'Enghien; elle reconnut le prince; et s'écria douloureusement: « c'est mon frère de lait! »

Le prince, exténué de besoin et de fatigue, prit à peine un léger repos. Pendant qu'il le prenoit, il pria qu'on voûlut bien lui préparer pour le lendemain, à son réveil, un bain de pied. Hélas! il ne savoit pas que le lendemain Paris frémiroit au récit de sa mort. Il se jeta ensuite sur un mauvais lit disposé précipitamment dans une pièce à l'entresol. Deux carreaux de la fenêtre étoient cassés; sur l'observation du prince, ils furent masqués avec une serviette. Le duc d'Enghien ne tarda pas à s'endormir profondément. Vers les onze heures, on l'éveilla en sursaut; on le conduisit dans une pièce du pavillon du milieu, faisant face au bois. Là, il étoit attendu par huit juges, ou plutôt, par huit bourreaux.

Interrogé par eux, le Duc leur parla avec la noblesse et la simplicité qui convenoient à son caractère et à sa vertu. Le président lui ayant demandé pourquoi il avoit porté les armes contre sa patrie, il répondit : *j'ai combattu avec ma famille pour recouvrer l'héritage de mes ancêtres*; *mais depuis que la paix est faite*, *j'ai posé les armes*, *et j'ai reconnu qu'il n'y avoit plus de rois en Europe*. Ses juges étoient incertains; son innocence, son nom et son intrépidité les faisoient hésiter. Ils écrivirent à Napoléon Bonaparte *pour avoir ses ordres.* On tint conseil au Tuileries, Cambacérès opina pour qu'on n'immolât point le prince. « Ah! depuis quand, répondit Bonaparte, êtes-vous devenu si avare du sang des Bourbons? » et il écrivit au bas de la lettre qui lui avoit été adressée, ces mots infâmes, et qui seront pour lui une tache ineffaçable, *condamné à mort.*

La sentence prononcée, le prince voit entrer M. N., officier de la gendarmerie d'élite, qui avoit été élevé dans la maison de Condé; il le reconnoît, et lui témoigne sa joie de le revoir. M. N***, qui conservoit un cher souvenir de sa jeunesse, au lieu de répondre, baisse la tête, et pleure; hélas! c'étoit lui qui commandoit les gendarmes chargés d'exécuter l'arrêt de la commission militaire... On quitte le repaire des assassins, on descend dans le fossé du château par un escalier étroit, obscur et tortueux. Le prince se retourne vers l'officier, et lui dit: « Est-ce que l'on veut me plonger tout vivant dans un cachot? Suis-je destiné à périr dans les oubliettes? — « Non, Monseigneur, lui répond N*** en sanglotant, soyez tranquille. » On continue la marche, et l'on arrive au lieu du massacre. Le jeune héros voit tout cet appareil et s'écrie, « Ah ! grace au ciel, je mourrai de la mort d'un soldat ! »

L'épouse du commandant de Vincennes, voyant passer le prince dans cet horrible moment, témoigna de l'effroi. *Sois tranquille*, lui dit son mari, *le bruit que tu vas entendre n'est que pour l'effrayer.*

Au moment d'être frappé, le duc d'Enghien debout, et de l'air le plus intrépide, dit aux gendarmes : Allons, mes amis. — « Tu n'as point d'amis ici, réponds une voix insolente et féroce. » C'étoit celle de Murat, devenu depuis Grand-Duc de Berg, et enfin roi de Naples.

En général, on ajouta à la mort de ce prince tous les détails horribles que l'on put y ajouter. Aussitôt après la lecture de son jugement, il demanda un ministre de la religion, pour remplir ses derniers devoirs. Un sourire insultant et presque général accompagna la réponse suivante que lui fit un de ses juges : « Est-ce que tu veux mourir en capucin? Un prêtre ! bah ! ils sont tous couchés à cette heure. » Le prince indigné ne proféra pas un seul mot; il s'agenouilla, éleva son ame à

Dieu, et après un moment de recueillement, se releva et dit : « marchons. »

Savari étoit, ainsi que Murat, présent à l'exécution. En allant à la mort, le duc d'Enghien témoigna le désir qu'on remît à une personne qui lui étoit extrêmement chère, une tresse de cheveux, une lettre et un anneau, un soldat s'en étoit chargé. Savari s'en étant aperçu les saisit, en s'écriant. « Personne ne doit faire ici les commissions d'un traître. »

C'est dans la partie orientale des fossés du château de Vincennes qu'a été fusillé en mars 1804, Louis-Antoine-Henri de Bourbon, né à Chantilly, près Paris, le 2 août 1772, prince réellement accompli, et dont les qualités brillantes promettoient un digne petit-fils du grand Condé. Sa mémoire fut honorée dans toute l'Europe par des cérémonies religieuses. On célébra en son honneur à Saint-Pétersbourg, un service où le cénotaphe portoit l'inscription suivante :

Inclito principi
Ludovico Antonio Henrico
Borbonio Condæo, duci d'Enghien
Non minus proprio et avita virtute
Quam sorte funesta claro,

Quem devoravii bellua Corsica,
Europæ terror
Et totius humani generis lues.

Au grand et magnifique prince
Louis-Antoine Henri
Bourbon Condé, duc d'Enghien,
Non moins recommandable
Par sa valeur personnelle
Que par celle de ses ancêtres,
Et par sa mort funeste.
Un monstre Corse
La terreur de l'Europe,
Le fléau du genre humain
L'a dévoré à la fleur de son âge.

A peine la nouvelle de cet horrible attentat fut-elle connue dans la capitale par le jugement que l'on fit crier sans pudeur dans toutes les rues, que l'indignation se manifesta de toutes parts. On se demandoit de quel crime pouvoit être coupable un prince qui, pendant le cours de la révolution, n'avoit jamais donné lieu de se plaindre de lui, et l'intérêt le plus vif pour ses malheurs excita contre son assassin la haine de toutes les classes de la société.

CONSPIRATION DE GEORGES.

J'ai rapporté plus haut que Bonaparte, ayant vu avorter ses projets sur Louis XVIII et sa famille, conçut le dessein d'attirer en France les princes français qui étoient en Angleterre, et d'envelopper dans le même piège les généraux Pichegru, Moreau et Georges. Il étoit essentiel pour Bonaparte, auteur de toutes les conspirations dirigées contre lui, d'avoir Moreau impliqué dans la conspiration, même en inventant le mensonge le plus impudent et le plus improbable, parce qu'il vouloit écarter un ennemi aussi dangereux, avant d'essayer de se rendre souverain de la France. Enfin, ce fut sur une des invitations et des encouragemens semblables que ces malheureux royalistes se rendirent en France; et ils étoient trahis avant même de partir.

Parmi ceux qui donnèrent dans ce piège odieux, on distinguoit, à cause de son ancienne gloire, le général Pichegru. L'amitié l'avoit lié autrefois avec le général Moreau. Le vaste amas des erreurs et des torts révolutionnaires avoient séparé ces deux hommes qui n'avoient pas cessé de s'estimer, et qui désiroient peut-être se rapprocher. La présence de Pichegru à Paris occasionna quelques entrevues entre lui et son ancien ami ; et les espions placés jusques dans le sein même de la société de Moreau par Bonaparte, ne manquèrent pas de l'en informer. Pichegru étoit venu pour conspirer, il avoit vu Moreau, donc Moreau conspiroit aussi. Quelle joie pour le tyran de les prendre tous deux, et de perdre l'un par l'autre! Les tortures physiques et morales de la police, l'infamie payée d'un délateur, servirent la passion de Bonaparte, et bientôt Paris vit, en frémissant, sur tous les murs, les noms de Pichegru et de Moreau accompagnés de l'odieuse épithète de brigands.

Il paroît que la Préfecture de police n'étoit pas dans le secret de cette conspiration inventée par Bonaparte ; mais que tout se conduisoit par la haute police, et sous ses ordres. Un jour, Picot, domestique de Georges, alla chercher dans un cabaret une douzaine de bouteilles de vin. C'étoit un homme de fort mauvaise mine ; il attira l'attention d'un inspecteur de police qui étoit ordinairement de service dans ce cabaret. Le lendemain il vit encore

Picot, et prit sur lui des informations près du cabaretier. Tous les deux n'en eurent pas une excellente opinion. Picot étant retourné à ce même cabaret, il y fut accosté par l'inspecteur qui lui demanda sa carte de sûreté. Picot n'en avoit pas à produire. L'inspecteur, le prenant pour un domestique, voulut savoir son adresse. A ces mots, Picot tirant un pistolet, essaya de faire feu; mais le coup, ayant raté, il fut arrêté, et alors il déclara qu'il étoit domestique d'un émigré.

Cependant, après qu'on l'eut mis à la torture, à trois reprises différentes, pour le forcer de dire le nom de son maître, il avoua qu'il étoit au service de Georges qui étoit à Paris.

Ceux qui douteroient que la torture n'existoit point alors, pourroient consulter ce fameux procès. Ils y verroient que Picot retroussa sa manche en plein tribunal, et montra sur son bras les marques de l'instrument dont on s'étoit servi, pour obtenir par la douleur quelques aveux.

Le préfet de police s'empressa de faire son rapport à la haute police et à Bonaparte, se regardant comme porteur d'une très-grande nouvelle. En conséquence de cette arrestation anticipée de Picot, la police crut devoir arrêter, sans perdre de temps, les autres personnes qui lui étoient dénoncées. Elle réussit à les prendre toutes, excepté Georges et Pichegru. Ces derniers ne voyant pas revenir Picot, avoient pris l'alarme et quitté leur logement, où ils vivoient ensemble. Une récompense d'un million fut offerte pour l'arrestation de Pichegru qui s'étoit réfugié chez un ami nommé *Blanc*, courtier de change, il fut trahi par lui, pour avoir la somme promise; mais lorsqu'il la réclama, Murat qui avoit signé l'obligation, le fit arrêter, et l'exila de Paris.

Peu de temps après, Georges fut aussi trahi par un jeune homme qui, pour continuer la comédie, fut mis en jugement avec lui, trouvé coupable, et obtint son pardon.

Immédiatement après, le général Moreau fut arrêté. Bonaparte reçut alors des adresses de toutes les parties de la France et des armées, le félicitant de sa délivrance, etc., insinuant que, pour mettre fin à la révolution, il falloit ôter tout espoir à l'ancienne dynastie. En conséquence, le sénat et le tribunat, entrant dans les vues de Bonaparte, lui proposèrent de se faire Empereur.

Quant à l'affaire de Moreau, Bonaparte n'ayant pu le faire trouver avec Georges et Pichegru, et ce dernier niant toujours qu'ils s'étoient vus, on résolut de s'en débarrasser, et de s'en tenir au rapport des espions qui ne manquèrent pas de jurer avoir entendu dire à Pichegru que Moreau et Georges s'étoient trouvés ensemble.

Bonaparte redoutoit surtout la popularité de Pichegru, et le langage ferme, énergique et hardi qu'il avoit tenu à Réal, lorsque celui-ci l'interrogeant, lui dit : *Vous êtes certainement venu avec le projet de rétablir les Bourbons? Et quand cela seroit*, répondit Pichegru, *qu'est-ce qui est le plus honorable de placer la couronne sur la tête d'un prince légitime, que sur celle d'un faquin que je n'aurais pas laissé battre le tambour dans mon armée ?....* Comme on craignait qu'il ne répétât les mêmes paroles devant le tribunal, sa perte fut résolue.

Il étoit gardé par deux gendarmes, mais comme on ne se souciait pas d'en avoir dans la maison où le meurtre devait se commettre, on les éloigna; et, en leur place, des Mamelouks et des Albanais furent chargés de faire le service au Temple, où l'exécution fut confiée aux Mamelouks. Quatre d'entre eux étranglèrent Pichegru, et furent ensuite fusillés pour des crimes qu'on leur supposa.

Mais une étourderie inconcevable, commise par le gouvernement, fit bientôt connoître au public, que Pichegru avoit été assassiné.

On avoit annoncé publiquement que le corps de Pichegru seroit apporté dans la cour de justice criminelle pour y être examiné, et pour y faire lecture du procès-verbal des chirurgiens, rendant compte des causes de sa mort, en présence de tous les juges de cette cour, qui eurent l'ordre de s'y rendre, mais lorsqu'ils arrivèrent, on n'avoit pas encore apporté le corps de Pichegru, parce qu'il n'étoit pas encore assassiné, et qu'il ne le fut que le lendemain du jour pour lequel les juges avaient été mandés.

En conséquence de cette étourderie, ils s'en retournèrent très-surpris; le lendemain, ils furent de nouveau mandés pour le jour suivant, et dans cet intervalle, le malheureux Pichegru fut étranglé.

On trouva sur lui des lettres de change tirées de Londres par MM. Thellusson et compagnie, pour des sommes considérables, sur MM. Thornton, Power, Perregaux et compagnie, banquiers à Paris; Pichegru n'avoit pas encore présenté aucune de ces lettres de change à l'acceptation, et elles n'étoient pas à son ordre, mais à celui de quelques autres personnes.

Lorsque Bonaparte vit ces lettres de change, il envoya chez les banquiers nommés ci-dessus, leur ordonna de payer ces billets, quoiqu'ils ne fussent pas acceptés. En cas de refus, il menaça de les faire arrêter comme complices de la conspiration.

Tous les artifices que la perfidie peut suggérer à la tyrannie, furent employés contre Moreau, par le despote sanguinaire; mais si ce grand général, ce vertueux patriote, cet homme aimable n'eût pas eu horreur d'exposer la vie des citoyens dans une guerre civile; s'il eût pu prendre la résolution de montrer pour sa défense, le même courage qu'il avoit manifesté dans nos armées, celui qui a trop vécu pour le malheur de la France et du monde, eût cessé d'exister.

Chaque jour, à la fin de la séance, les prisonniers étoient reconduits à leurs prisons entre deux haies de soldats. Lorsque Moreau passoit, les soldats présentoient les armes, et plusieurs lui dirent à l'oreille: « Mon général, voulez-vous de nous? » — « Non, répondit-il, je n'aime pas le sang. ». Il n'avoit qu'un mot à dire, et en moins de six heures, Bonaparte étoit prisonnier au Temple.

Avant que l'avocat de Moreau commençât son plaidoyer, le général prononça un discours admirable qui électrisa tout l'auditoire. Tout le monde se leva et battit des mains. Le Grand-Juge, qui faisoit ordinairement son rapport à Bonaparte, de ce qui s'étoit passé à la Cour criminelle, fut trompé par l'agent qu'il employoit, pour lui rendre compte de chaque séance. On dit au Grand-Juge que le discours étoit assez mauvais, et plus propre à faire tort au Général, qu'à le servir. Là-dessus, le Grand-Juge ordonna que le discours fût imprimé et distribué. Il alla ensuite à Saint-Cloud, et rendit compte à Bonaparte de ce discours, et des ordres qu'il avoit donnés pour le faire imprimer. Cependant, Murat qui avoit été présent au Tribunal, arriva à Saint-Cloud, et rendit compte de ce qu'il avoit vu et entendu, ajoutant qu'il ne concevoit pas comment le Grand-Juge pouvoit permettre qu'on imprimât un semblable discours, qu'il montra à Bonaparte, tel que les écrivains sténographes l'avoient recueilli.

Aussitôt, l'Empereur devint furieux contre le Grand-Juge, et le battit cruellement. On l'arracha des mains du tyran, qui, sans cela, l'eût tué. Rien au monde n'étoit plus risible que de voir le Grand-Juge étendu tranquillement sur un sopha, et se laissant assommer comme un esclave, sans faire la moindre résistance. Enfin, on le conduisit dans l'anti-chambre, baigné dans son sang, sa robe déchirée, et tenant sa perruque à la main; et pendant toute cette scène, il pleuroit comme un écolier.

Après une procédure qui dura quatorze jours, les Juges se retirèrent pour délibérer à neuf heures du soir, et tout étoit préparé pour condamner Moreau; mais grace à la résistance de cinq Juges, savoir: MM. Martineau, vice président, Lecourbe, Clavier, de la Guillomie et Rigaud-Roquefort, il échappa au supplice. Sans eux, il eût été sacrifié.

Un de ces Magistrats intègres, s'exprimoit ainsi devant ses Collègues :

« Quelles que soient, Messieurs, pour nous, les intentions vraies ou apparentes du Gouvernement, dans cette affaire, nous devons lui témoigner notre attachement, en lui sauvant l'odieux de la condamnation du Général ; défendons-le contre lui-même ; notre zèle doit être éclairé ; nos consciences sont pures. Le général Moreau fût-il coupable, comme il est innocent, paroîtroit condamné injustement ; la justice auroit l'air de la vengeance : nous nous flétririons nous-mèmes, dès que notre jugement ne pourroit le flétrir ; hâtons-nous, en proclamant son innocence, de répondre aux vœux de la nation entière. L'Europe nous voit, la postérité nous attend ; nous serons jugés à notre tour ; le remords suivroit de près, une condamnation arrachée à un faux zèle, pour les intérèts de quelques individus en place ; l'exécration publique nous puniroit, n'en doutez pas, de nous être laissé influencer par le pouvoir, et d'avoir désobéi au cri de l'honneur, et de l'innocence outragée. Je vote pour l'absolution ».

Ces juges déclarèrent donc que, si Moreau étoit jugé coupable, ils protesteroient contre la décision de la Cour; et quoiqu'ils fussent dans la minorité, ils ne souffriroient pas qu'on allât aux voix sans proclamer hautement leur opinion. Cette déclaration des juges fut communiquée à Murat, qui sur-le-champ se rendit à Saint-Cloud.

De tous côtés on faisoit voir à Bonaparte qu'il étoit sur les bords du précipice; en conséquence, l'ordre fut envoyé aux juges de Paris d'absoudre Moreau du crime capital.

Lorsque le jugement fut prononcé, ce qui eut lieu à quatre heures du matin, la populace qui étoit restée là toute la nuit, poussa des cris de joie, et cria « *Vive Moreau!* » Car ce n'étoit que par rapport à Moreau que le peuple prenoit intérêt à cette affaire.

La conduite du tyran envers Moreau est sans exemple; car quoiqu'il eût été absous de l'accusation de haute trahison, on saisit sa maison de ville et ses meubles, ainsi que sa maison de campagne appelée *Grosbois*, qu'il avoit achetée de *Barras* quatre cent mille francs.

Il fut condamné à deux ans d'emprisonnement; son intention étoit d'en appeler au tribunal de cassation; mais ses amis l'en dissuadèrent, lui faisant entendre que la sentence qui suivroit cet appel pourroit être plus injuste. Ils lui conseillèrent de demander la permission de se retirer en Amérique, parce que si, d'après la sentence, il étoit envoyé en prison, il étoit possible qu'il n'en sortît jamais vivant. Il fit la demande, et Bonaparte, qui vouloit se débarasser de lui, à quelque prix que ce fût, lui permit d'aller en Amérique, à condition qu'il s'exileroit pour la vie; encore fut-il obligé de payer toutes les dépenses de la procédure.

Je vais maintenant rendre compte d'un fait qui ne sera jamais oublié. J'espère que ni conquêtes, ni victoires, ni royaume, ni couronnes, ni nouveaux mariages n'effaceront jamais de l'âme d'un Anglais le souvenir des cruautés sans exemple, exercées sur un capitaine de la marine anglaise. Je veux parler du capitaine *Wrigth*, dont le crime étoit d'avoir obéi aux ordres de son gouvernement, qui consistoient à débarquer sur la côte quelques personnes dont il ne connoissoit nullement la mission.

Qu'eût dit l'Europe entière, si le gouvernement anglais eût fait mettre à mort l'amiral du vaisseau français *Hoche*, pris sur les côtes d'Irlande, ayant *Theobald Wolfe Tone* à bord? Les cas étoient cependant à-peu-près semblables, et plutôt en faveur du capitaine Wrigth, en ce que M. Tone étoit à bord avec des troupes, et portoit l'uniforme français, au lieu qu'il n'y avoit pas de troupes à bord du vaisseau commandé par le capitaine Wrigth.

Tout le monde sait qu'il fut appelé pour déposer au procès de Moreau; mais qu'il refusa de répondre aux questions qui lui furent faites. Bonaparte croyoit que le capitaine Wrigth connoissoit des personnes à Paris qui étoient en correspondance avec le gouvernement anglais. En conséquence, après le procès de Moreau, on appliqua le capitaine Wrigth aux tortures les plus cruelles, telles que de lui serrer les pouces, de lui frotter la plante des pieds de lard, et d'y appliquer ensuite des plaques de cuivre rougies au feu! Ensuite ils lui coupèrent un bras, puis une jambe, et lui dirent qu'il étoit à présent hors d'état de retourner dans sa patrie, mais que le gouvernement français auroit soin de lui, s'il vouloit révéler tout ce qu'il savoit. A cela il répondit, « qu'il se regarderoit comme rébelle à son Dieu e·

à son Roi, s'il avoit la moindre communication avec des êtres capables de se conduire comme ils avoient fait. » Peu après, il fut étranglé, et le corps fut enlevé du Temple, au milieu de la nuit.

On dit dans les journaux français, qu'il s'étoit coupé la gorge, après avoir lu dans le *Moniteur*, la nouvelle de la capitulation du général Mack, et de son armée à Ulm. Il n'est pas probable qu'un homme qui se seroit porté à se couper la gorge, parce qu'il auroit reçu de mauvaises nouvelles, attendît neuf jours pour exécuter son dessein; et les journaux français eux-mêmes, conviennent que neuf jours s'étoient écoulés depuis qu'il avoit lu le récit du *Moniteur*, jusqu'à celui où on répandit le bruit qu'il avoit commis cet acte de désespoir.

Comparons maintenant l'acharnement de Bonaparte, contre Moreau, avec le trait suivant: Quelque temps après la bataille de Marengo, Moreau étant arrivé à Paris, alla sur-le-champ chez le premier Consul, qui étoit alors au Conseil d'Etat; il étoit encore dans le sallon, lorsque le Ministre de l'Intérieur apporta une superbe paire de pistolets, d'un très-beau travail, et enrichis de diamans. Le Directoire les avoient fait faire pour être donnés à un Prince étranger, et depuis ils étoient restés chez le Ministre. Ces pistolets furent trouvés très-beaux ; ils viennent à propos, dit le premier Consul, en les présentant à Moreau, et se retournant vers le Ministre de l'Intérieur : Citoyen Ministre, faites-y graver quelques-unes des batailles gagnées par le général Moreau ; ne les y mettez pas toutes, il faudroit ôter trop de diamans ; et quoique le général Moreau n'y attache pas un grand prix, il ne faut pas trop déranger le dessin de l'artiste.

Habitué à une astuce perfide, nous ne pouvons croire que Bonaparte pensoit ce qu'il disoit alors ; car la gloire de Moreau l'offusquoit cruellement, et il en a donné des preuves, en l'impliquant dans cet affreux procès qui a retenti dans toute l'Europe. Quant à Moreau, il avoit jugé depuis long-temps Bonaparte, et disoit de lui : Cet homme couvre de honte et d'opprobre le nom français, on n'osera bientôt plus le porter. Il réserve à mon malheureux pays, la haine et les malédictions de l'univers. Cette prophétie ne s'est que trop vérifiée.

Bonaparte Empereur.

Ayant ainsi dissipé tous les sujets de crainte qui pouvoient s'opposer à son usurpation au trône de France, celui pour lequel toute religion étoit la sienne, crut sans doute en imposer, en forçant Sa Sainteté à sanctionner en quelque sorte, son couronnement. Cela souffrit de grandes difficultés par la résistance qu'y opposa le Saint-Père. Il fut cependant à la fin, obligé de céder à la force, et se mit en route pour se rendre de Rome à Paris. Pie VII craignoit avec raison, qu'un refus n'attirât sur la religion, les plus grands malheurs. Il partit donc de Rome le 11 brumaire, (2 novembre 1804), et arriva à Fontainebleau, le 4 frimaire, à midi.

L'arrivée du Chef de l'Eglise dans Paris, fut signalée par l'allégresse publique et par les honneurs qu'on s'empressa de lui rendre ; tous les grands corps de l'Etat et les principales autorités vinrent lui présenter leurs hommages, et lui adresser des discours où respiroient tout à-la-fois, une profonde vénération pour le Chef Suprême de la religion, et l'attachement le plus sincère pour une religion, dont l'oubli des principes avoit causé tant de maux à la France.

Je vais rapporter comment le tyran, pour prix de sa démarche, le fit enlever clandestinement de Rome, au milieu de la nuit, lorsqu'il se crut assez ferme sur le trône; comment il le priva des Membres du sacré collége, le fit conduire en France au château de Fontainebleau, l'abreuva de toutes sortes d'amertumes et d'outrages.

Bonaparte commença par demander au Saint-Père au mois de janvier 1808, d'entrer dans une ligue défensive et offensive, par laquelle il prétendoit défendre l'Italie de toute invasion étrangère. Pie VII, répondant à cette proposition comme chef visible de l'église de J. C., et conséquemment comme premier Ministre de la paix, refusa d'y accéder, disant qu'il ne lui appartenoit pas de signer un traité qui eût pour objet aucune espèce de guerre. Bonaparte voulut alors que le Souverain pontife livrât les ports de l'Etat ecclésiastique à sa garde. Pie VII répliqua qu'il n'étoit que l'Administrateur du domaine de l'église, qu'il n'avoit pas le droit de le soumettre même momentanément à la puissance temporelle de nul Prince, et qu'il offroit seulement de s'engager à ne point recevoir dans ses ports les ennemis de la France, sa mission essentiellement pacifique lui permettant cette marque de condescendance qui tendoit par son résultat à empêcher l'Etat romain de devenir le théâtre de la guerre. Suivirent de la part de Napoléon Bonaparte des vexations de tous genres et des propositions même insoutenables, eu égard au caractère religieux du personnage auguste auquel on les faisoit. Parmi ces dernières, il faut remarquer celles d'abolir les ordres ecclésiastiques de l'un et l'autre sexe, et d'autoriser le mariage des prêtres.

Pie VII souffroit la persécution avec une résignation courageuse; et s'en défendoit avec dignité. Cependant Bonaparte s'étoit déjà emparé à force ouverte de l'Etat romain, dont il avoit fait deux départemens de l'Empire français, et il ne s'agissoit plus que d'exiler le Pape de Rome et de l'emmener prisonnier. On s'y prit de la manière suivante, ajoutant à cet acte tyrannique, déjà si révoltant par lui-même, toutes les circonstances affreuses qu'il pouvoit tenir de la malignité et de la cruauté humaines.

Dans la nuit du 5 au 6 juillet 1809, à une heure du matin, un détachement considérable de la garnison de Rome investit de toutes parts le palais Quirinal, que le Saint-Père habitoit. Les murs du jardin et la partie du palais occupée par les gens qui composent la maison du Pape, furent escaladés en même temps. La garde suisse de S. S. ayant été désarmée sans résistance, puisqu'on lui avoit défendu d'en opposer aucune, le général Radet qui commandoit cette horrible expédition, monta chez le Souverain Pontife, le chapeau sous le bras. Les soldats qui le suivoient avoient le chapeau sur la tête. Il paroît que le Saint-Père ne s'étoit point couché. Quand le général Radet entra dans la pièce qu'il occupoit, il le trouva à son bureau, vêtu des habits qu'il porte quand il sort, c'est-à-dire, du rochet, du camail et de l'étole; le Pape écrivoit; le général s'approcha pour lui signifier l'ordre qu'il étoit chargé d'exécuter. « Pourquoi venez-vous troubler ma demeure? » lui dit le Saint-Père, avec dignité. « Que voulez-vous? » A ces mots, les soldats, saisis de respect, ôtèrent tous leurs chapeaux. Le général Radet déclara au Pape qu'il venoit lui proposer, de la part du Gouvernement français, de consentir à l'abdication de sa souveraineté temporelle, sans qu'il fût question de la bulle d'excommunication qui avoit été lancée à l'occasion des démêlés de la cour de Rome avec la France, et il ajouta qu'à cette condition, S. S. pourroit rester tranquille à Rome. Le Saint-Père levant au ciel les yeux, et le montrant de la main, répondit au général : « Je n'ai agi en tout qu'après avoir consulté l'Esprit Saint, et vous me mettrez en pièces, plutôt que de rétracter ce que j'ai fait. « Dans ce cas, lui dit le général, j'ai ordre de vous emmener hors de Rome. Le Pape se leva, mit son bréviaire sous son bras, et s'avança vers la porte, donnant la main au cardinal Pacca, son secrétaire d'état qui s'étoit rendu dans son appartement en grand costume. On les conduisit à la porte qu'on avoit enfoncée. Là, se trouvoit une voiture, dans laquelle on les fit monter.

Quelques Romains habitant les maisons du palais Quirinal, avoient ouvert leurs portes pour savoir ce que signifioit le bruit extraordinaire qu'ils entendoient : on les obligea de se renfermer chez eux.

Le pape, avant de monter en voiture,

donna sa bénédiction à la ville de Rome ; on fit monter à côté de lui le cardinal Pacca, et l'on ferma la voiture de manière à ce que personne ne pût apercevoir ceux qu'elle contenoit : elle sortit par la porte Salara, qui est à peu de distance du palais Quirinal. Hors de la *porte du Peuple*, où vient aboutir la route de Florence, des chevaux de poste avoient été préparés ; ils furent attelés sur-le-champ, et la voiture partit sous une escorte de gendarmes, le général Radet étoit assis sur le siége.

Elle fut conduite en toute hâte aux frontières de la Toscane. Le jour même de l'enlèvement, elle arriva à Radicofani, premier village des États de Toscane, situé sur une montagne d'un accès très-difficile, et éloigné de tout endroit un peu considérable par sa population. Il étoit alors dix heures du soir. Le pape avoit déjà parcouru un espace d'environ trente-six lieues de France. L'on ne s'étoit arrêté que le temps nécessaire pour changer de chevaux. Malgré les précautions prises, le passage du Saint-Père ne put être ignoré, et partout il reçut des marques de respect pour sa dignité, et d'intérêt pour sa personne. Ces sentimens en général éclatèrent sur toute sa route, jusqu'à ce qu'il fût arrivé à Savone; delà on le transféra à Fontainebleau, après une longue et étroite captivité; on ne put rien remarquer, car on eut grand soin de cacher son passage au peuple.

L'évêque de Nice et la reine d'Etrurie vinrent à sa rencontre jusqu'au de là du pont du Var. Quand ils arrivèrent, le pape avoit déjà mis pied à terre pour traverser le pont. Alors on vit le spectacle attendrissant d'une reine et de son fils aux pieds du souverain pontife, ne s'exprimant que par un silence plus éloquent mille fois que les discours les mieux étudiés. On remonta en voiture, et l'on eut bientôt gagné Nice, au milieu d'une foule immense, qui oublioit les malheurs du père commun des chrétiens, pour ne s'occuper que du plaisir de le posséder quelques instans. C'étoit dans la matinée du 7 août. L'illustre pontife fut logé à l'hôtel de la préfecture. Les trois jours qu'il passa à Nice furent des jours de fête. Sept à huit fois dans la journée, il se montroit sur le balcon du côté de la mer, pour donner sa bénédiction à la multitude, qui accouroit de toutes parts. Le soir, chacun s'empressoit d'illuminer en signe d'allégresse. Le 9, vers les cinq heures et demie du soir, soixante-douze barques de pècheurs se trouvèrent rangées vis-à-vis le balcon de la préfecture. Plus de seize mille individus de tout sexe et de tout âge, s'étoient rendus en cet endroit pour jouir du bonheur de voir sa Sainteté. A six heures elle parut, et donna sa bénédiction, aux acclamations de *vivent Jésus et son représentant sur la terre! vive la foi! vive la religion chrétienne!* Ces cris répétés commençoient à fatiguer le colonel chargé de l'escorte : un conseiller de préfecture, d'un seul signe de la main, arrêta subitement ces élans d'une sainte jubilation. Un silence religieux prit aussitôt la place des acclamations, et le calme de la mer ajoutoit à cette étonnante tranquillité. Deux heures après les soixante-douze barques parurent parfaitement illuminées. Sur les neuf heures, les remparts étoient couverts d'une foule immense qui venoit réciter le rosaire pour la conservation et l'heureux voyage du vicaire de Jésus-Christ. Le lendemain matin, il étoit sept heures, quand le Saint-Père monta en voiture. Il avoit dit la messe, et admis, comme la veille à la prosternation à ses pieds. La foule des spectateurs fut innombrable; mais le plus grand ordre régna : ce départ eut à la fois quelque chose d'attendrissant et de solennel; on eût cru voir un père respecté qui s'éloignoit pour quelque temps de ses enfans chéris.

Le souverain pontife suivoit alors le chemin de Savone. Les habitans de toutes les communes voisines accoururent sur la route. On avoit placé les cloches sur les arbres, préparé des boîtes, et tout le monde se prosternoit pour recevoir la bénédiction du Saint-Père.

On le logea d'abord chez le maire de Savone; peu de jours après, on le transféra au palais épiscopal; on finit par le faire passer à la préfecture. Là, il étoit continuellement gardé par une compagnie de gendarmes.

Le Saint-Père avoit beaucoup souffert pendant la route. Dès le premier jour, la fatigue et la chaleur l'indisposèrent. Il éprouva une colique violente, et l'on fut obligé de suspendre sa marche jusqu'au lendemain. Deux jours après, sa voiture fut cassée. S. S. en éprouva une forte commotion. Le général Radet, qui avoit eu lui-même le poignet foulé dans cet accident, l'obligea néanmoins de monter sur-le-champ dans une autre voiture, et l'on continua d'avancer. Comme il passoit, le lundi 17 juillet, entre Rivoli et Suze, les fatigues de la route lui firent éprouver une défaillance. Lorsqu'il fut revenu à lui-même, il dit au nommé Boissard, colonel de la gendarmerie, qui commandoit alors son escorte : « Avez-vous l'ordre de me conduire mort ou vif? Si votre ordre est de me faire mourir, continuons la route ; s'il est contraire, je veux m'arrêter. » Le colonel fit arrêter la voiture dans un petit village voisin. Le pape vouloit descendre chez le curé du lieu ; on le conduisit dans la maison du maire, où il prit une tasse de chocolat ; et après un peu de repos, on le fit monter en voiture pour continuer son voyage jusqu'au Mont-Cénis. Il y passa deux jours entiers à l'hospice. On le fit partir le 20 juillet, par la route de Chambéry. Quand il arriva dans cette dernière ville, il avoit cet air de bonté qui lui est naturel ; mais on apercevoit sur son visage quelques traces d'altération occasionnées par les fatigues du voyage. Le Saint-Père n'avoit passé cette première fois le Mont-Cénis, pour aller à Savone, que parce qu'on l'avoit d'abord conduit de Rome à Aix en Provence. Il passa donc une seconde fois le Mont-Cénis quand on le transféra de Savone à Fontainebleau. Il y fut beaucoup plus malade qu'à l'époque de son premier passage. Il se trouva si mal d'une rétention d'urine, qu'on fut obligé de s'arrêter, et que M. l'Evêque d'Edesse, son aumonier, l'administra.

Pendant toutes ses souffrances et sa captivité, tant à Savone qu'à Fontainebleau, le caractère du Saint-Père ne se montra pas un seul instant au-dessous de ce qu'il devoit être.

En 1811, Bonaparte lui envoya en députation des évêques à Savone. Le 1, le 2 et le 3 septembre, ces députés sollicitèrent vainement de S. S. la faveur d'être admis. Ils ne l'obtinrent que le 5, après avoir fait dire au Souverain Pontife, qu'ils avoient à lui parler sur des affaires qui étoient du plus grand intérêt pour la religion en France; et même pour toute la chrétienté.

On observa dans la réception de ces députés, un certain cérémonial. Ils durent être frappés de la dignité que le Souverain

Pontife leur montra, et de la tristesse qui étoit peinte sur son visage. Après qu'ils eurent obtenu la permission de parler, leur chef leur fit un tableau au naturel des grands maux de l'église. Plusieurs des députés lui représentèrent ensuite qu'une des principales causes du dépérissement de la foi étoit, que plusieurs diocèses n'avoient pas depuis long-temps d'évêque qui les gouvernât: qu'ils en désiroient, et que si on ne leur en donnoit pas, on avoit sujet de craindre de grands malheurs auxquels il seroit difficile ensuite de remédier. Ils finirent en suppliant S. S. de donner l'institution à ceux qu'on lui avoit désignés pour être évêques.

Le Saint-Père les ayant écoutés attentivement, leur répondit d'un ton plein de bonté: « Considérez l'état de captivité où je suis, les rigueurs dont on use envers moi, et le refus qu'on fait de me donner mon conseil. Est-il raisonnable que l'église cède toujours, et n'obtienne jamais rien? Dois-je donc laisser échapper de mes mains les rênes de la hiérarchie spirituelle que Dieu même m'a confiées? » Des députés lui répliquèrent longuement que c'étoit le reconnoître que lui demander l'institution des évêques, et que le concile de Paris les avoit chargés de lui faire cette demande. Le Saint-Père eut la patience d'attendre qu'ils se fussent tus; mais lorsqu'ils eurent cessé de parler, il se leva majestueusement, se couvrit le visage de ses deux mains, se mit à genoux, et pria quelques instans en silence, puis il dit ces trois mots latins: *judica me, Deus.* Seigneur, soyez mon juge. Le Saint-Père ayant ensuite quitté cette attitude, et s'étant assis, dit en italien aux députés « Quel est celui qui a convoqué ce concile? Quel est celui qui m'a prévenu qu'on le tiendroit? Quel est celui qui a proposé les articles qu'on y discuteroit? » Il reprocha ensuite aux évêques de montrer de la lâcheté, de n'avoir pas le courage de porter le fardeau de l'épiscopat, et d'abandonner indignement à des mains profanes la manœuvre du vaisseau de l'église. Un des députés, sensible à ce reproche, voulant justifier la conduite des évêques, eut la hardiesse d'interrompre le Saint-Père; mais dès qu'il eût dit: *mio santissimo padre*, Sa Sainteté, d'un regard majestueux lui imposa silence, et dit d'un ton très-animé: *O Dieu, mon défenseur, jetez un regard sur moi, foudroyez de vos anathêmes, comme en qualité de votre vicaire sur la terre, j'excommunie en votre nom,* ipso facto, *celui des assistans qui oseroit opposer une parole pour justifier la conduite que je condamne.* Chacun garda le silence et le Saint-Père s'avançant lentement vers celui qui venoit de parler, lui présenta sa main qu'il baisa. Il la présenta ensuite aux autres députés, qui eurent le même honneur. Au moment de rentrer dans son appartement, le Pape se retourna vers eux, et leur dit en italien d'un ton paternel : *Adieu, très-chers.*

Le Souverain Pontife arriva à Fontainebleau un jour plutôt qu'il n'y étoit attendu. Le concierge du château n'ayant aucun ordre, crut ne pas devoir prendre sur soi de l'y loger : il donna au Saint-Père un lit dans son appartement. M. de Champagny, en arrivant le lendemain, se hâta de faire préparer un appartement dans le château ! Pie VII y reçut, les jours suivans, plusieurs ministres. Quand on lui annonça la visite du ministre des cultes, il dit avec surprise : *je croyois que dans le royaume très-chrétien, il n'y avoit point de ministre des cultes; mais uniquement un ministre du culte catholique.*

Parmi ceux qui se présentèrent à l'audience de Sa Sainteté à Fontainebleau, fut M. Joubert, nommé par Bonaparte à l'évêché de Saint-Flour. L'entretien du Saint-Père avec cet ecclésiastique fut court, mais très-vif. Qui êtes-vous, lui demanda Pie VII? — L'évêque nommé de Saint-Flour. — Etes-vous allé dans ce diocèse? — Saint-Père, j'y habite depuis quelque temps, et j'y fais les fonctions d'administrateur. — De quel droit gouvernez-vous ce diocèse? — J'ai été nommé vicaire-général par le chapitre. — Comment, répliqua le chef de l'église, peut-il se trouver encore des prêtres assez ignorans pour oser violer les canons que j'ai rapportés dans mes brefs, au sujet de Paris et de Florence? — M. Joubert étonné répondit : Mais, Saint-Père, nous avons nos libertés. — Oui, dit le Pape, avec plus de véhémence encore, vous mettez par vos libertés le concile au-dessus du Pape, et vous vous mettez vous-même au-dessus du concile; et il congédia sur-le-champ l'évêque nommé.

M. de Beaumont, évêque de Plaisance, et nommé par Bonaparte, à l'archevêché de Bourges, fut envoyé plusieurs fois vers lui, pour essayer de le déterminer à quelque arrangement. Tous ses efforts furent inutiles. M. l'Evêque, lui répondit le Souverain Pontife, le bon Dieu sait les larmes que j'ai répandues sur le prétendu Concordat, que j'ai eu le malheur d'accepter; j'en porterai la douleur jusqu'au tombeau, et c'est un sûr garant que je ne serai pas trompé une seconde fois.

Il dit un jour à des Evêques qui le pressaient de sauver sa dignité et sa personne par des sacrifices : *Laissez-moi mourir digne de tous les maux que j'ai soufferts.*

M. de Beaumont, dont nous avons déjà parlé plus haut, lui proposa un jour, au nom du Gouvernement, la restitution d'une partie de ses Etats, s'il vouloit céder l'autre : les domaines de Saint-Pierre, lui répondit l'auguste prisonnier, ne sont pas ma propriété, ils appartiennent à l'Eglise; je ne puis consentir à aucune cession. Au reste, dites à votre Empereur, que si, pour mes péchés, je ne dois pas retourner à Rome, mon successeur y retournera triomphant, malgré tous les efforts du Gouvernement Français. L'Evêque de

Plaisance voulut justifier un peu Bonaparte, qui avoit, disoit-il, la meilleure volonté. *Je me fie beaucoup plus aux Princes alliés qu'à lui*, répondit le Souverain Pontife. Le Prélat surpris, demanda quelques explications sur ces dernières paroles. *Il ne me convient pas de les donner, ni à vous de les entendre*, répondit le Chef de l'Eglise. M. de Beaumont ajouta, que le Saint Père alloit retourner à Rome, que c'étoit l'intention de l'Empereur : « Ce sera donc avec tous mes Cardinaux, dit le Souverain Pontife.» L'Évêque répondit, que cela ne se pouvoit pas pour le moment : « Eh bien, répliqua Pie VII, si votre Empereur veut me traiter en simple religieux, et je n'oublie pas que je le suis, je n'ai besoin que d'une voiture pour me conduire ; tout ce que je demande, c'est d'être à Rome, pour remplir les fonctions de ma charge pastorale. — Saint-Père, dit le Prélat, Sa Majesté sait ce qu'elle doit à la qualité de Chef de l'Eglise ; elle ne méconnoît pas votre dignité ; elle veut vous donner une escorte honorable : un Colonel doit vous accompagner. Quoiqu'à dater de ce moment le Colonel ne quittât plus Sa Sainteté, elle convoqua tous les Cardinaux qui se trouvoient à Fontainebleau, au nombre de dix-sept; ce fut même en présence de cet officier, qu'elle leur prescrivit trois choses: la première, de ne pas porter les décorations qu'ils avoient reçues du Gouvernement; la seconde, de ne recevoir aucun traitement, aucune pension du Gouvernement; et la troisième, de n'aller à aucun repas où ils seroient invités par les hommes du Gouvernement.

Le Saint-Père fut enlevé de Fontainebleau, le dimanche, 23 janvier 1814, à midi : il y demeuroit depuis le samedi, 20 juin 1812. Le gouvernement rougissoit de la persécution qu'il avoit exercée envers lui, et du pas rétrograde qu'il étoit obligé de faire à ce sujet : attribuons à cela l'espèce de mystère dont on chercha d'abord à couvrir son voyage de Fontainebleau à Rome. Au reste, ce voyage fut un continuel triomphe pour S. S. ; non-seulement le clergé, mais toutes les classes de citoyens se plaçoient sur son passage pour la voir, pour lui rendre leurs hommages, et pour recevoir sa bénédiction. A Nice et à Savonne où, avant de venir à Fontainebleau, il avoit été captif, les principaux habitans de la ville dételèrent les chevaux, attachèrent à la voiture des rubans blancs, et la traînèrent eux-mêmes; dans cette entrée triomphale, Pie VII étoit précédé de toute la multitude, et d'une musique qui faisoit entendre les signes d'allégresse auxquels se mêloit le son de toutes les cloches de la ville. Quelle différence entre ce retour à Savone, et la manière dont S. S. en étoit sortie pour venir à Fontainebleau. La crainte que le peuple ne se révoltât dans cette occasion, fût cause que l'on fit partir le Saint Père, de nuit et à pied, jusqu'au dehors de la ville. Pour qu'il ne fût pas reconnu, on lui avoit mis sur la tête un chapeau rond, et on l'avoit revêtu d'une redingotte; les souliers noirs qu'on lui avoit fait faire s'étant trouvés trop courts, on avoit noirci ses pantoufles qui étoient blanches. Quoi de plus impie et de plus révoltant que ce déguisement.! Se joue-t-on d'une manière plus indigne de tout ce que les hommes ont de respectable et de sacré!

Bonaparte alla plusieurs fois voir le pape à Fontainebleau.

Il tenoit beaucoup à quelque chose que

S. S. lui refusa dans une de ses visites. On rapporte que dans sa fureur il eut l'irréligion d'insulter le Souverain Pontife, et qu'il l'auroit même frappé, si on ne l'eût retenu.

Ainsi le despote bravant toute considération humaine et religieuse, n'avoit pas craint de porter ses mains sacrilèges sur un vieillard digne de respect par son âge, son rang et ses malheurs, et le Saint-Père ne recouvra sa liberté que par la fermeté qu'il déploya et la résistance opiniâtre qu'il opposa aux projets d'un homme qui se jouoit journellement des plus saintes institutions.

INVASION D'ESPAGNE.

Insatiable dans son ambition, Bonaparte voulut offrir à l'Europe étonnée le spectacle d'un grand crime préparé avec cette perfidie dont il ne se départit jamais; je veux parler des évènemens de l'Espagne. Par un traité fait entre sa Majesté Catholique et l'usurpateur, trente mille hommes de troupes françaises devoient entrer dans ce royaume, pour se rendre directement à Lisbonne; quelques troupes espagnoles devoient se joindre à elles, et marcher également sous les ordres d'un général français. Par un autre article de ce même traité, Bonaparte *garantissoit à* S. M. C. *le Roi d'Espagne, la possession de ses états, sur le continent d'Europe, au Midi des Pyrénées.*

Le motif secret de ce traité étoit que le Roi d'Etrurie cédoit son royaume à Bonaparte; et que le Roi d'Espagne pour dédommager ce prince, lui abandonnoit à titre de souveraineté, par les articles précédens, quelques provinces situées sur les frontières du Portugal, qu'on devoit réunir sous le titre de *Lusitanie Septentrionale.*

Ainsi, il est certain que l'entrée de nos armées en Espagne, loin d'exciter la moindre défiance, ne sembloit être que l'exécution littérale des conventions faites entre deux souverains alliés, qui vouloient réunir leurs forces, dans une expédition dont ils se promettoient un égal avantage, lorsqu'au contraire Bonaparte ne se servoit de ce traité, que pour étendre sa domination jusques sur l'Espagne et le Portugal.

Je vais retracer en abrégé cet évènement. Le récit en suffira pour donner une idée exacte du caractère d'un homme pour lequel rien n'étoit sacré.

Il falloit un prétexte pour mettre à exécution le plan hardi et gigantesque de subjuguer une nation amie et alliée qui, depuis plusieurs années, se sacrifioit aux intérêts de la France; on résolut de jeter et de fomenter la discorde dans la famille royale de l'Espagne; l'ambassadeur français réussit à suggérer au prince des Asturies, héritier présomptif de la couronne, l'idée de demander en mariage une princesse de la famille de l'Empereur Napoléon. Peu de jours après qu'il eut écrit en conséquence à la cour de Paris, on vit éclater et avorter en même temps une conspiration qui compromit le prince dont nous venons de parler, et dont le résultat fut de le priver momentanément de sa liberté.

Le Roi Charles IV, sans doute à l'instigation de son favori le Prince de la Paix, tout dévoué à Bonaparte, écrivit à ce dernier pour lui faire part des graves sujets de mécontentement qu'il avoit reçus de son fils : c'étoit avoir beaucoup obtenu pour l'exécution de ses projets ultérieurs, que d'être ainsi immiscé dans les affaires particulières de la famille royale d'Espagne.

Cependant le mariage du prince des Asturies avec une personne de la famille de

Bonaparte ne s'exécutoit pas, quelque bruit qu'en fît ce dernier; et les troupes françaises, sous prétexte de pourvoir à leur sûreté, s'emparoient des forteresses de Pampelune, de Saint-Sébastien, de Figuières et de Barcelone. La famille royale sembloit consternée. A quelques préparatifs qu'elle faisoit, on jugea qu'elle vouloit fuir dans le Nouveau-Monde, il y eut des insurrections à Aranjuez; l'abdication du Roi Charles IV en faveur de son fils, le prince des Asturies, vint à la suite de ces insurrections auxquelles elle ne se trouva néanmoins aucunement liée. Quel vaste champ la fortune ouvrit dans ce moment aux intrigues de Bonaparte en Espagne? Si toutefois ce fut bien la fortune, et non le génie de ce politique sans délicatesse qui agit dans cette occasion.

Bonaparte avoit précédemment ordonné au prince Murat, son beau-frère, de s'approcher de Madrid avec une armée; aussitôt que les événemens d'Aranjuez furent connus, Murat s'avança pour occuper la capitale.

Cependant l'obscurité mystérieuse des projets de Bonaparte, la proximité de ses troupes, et l'ignorance où étoit Ferdinand VII (ainsi nommoit-on le prince des Asturies) devenu Roi par l'abdication de son père, du véritable objet de son voyage en Espagne, engagèrent le nouveau monarque à employer les moyens qu'il jugea les plus propres à se concilier ses bonnes graces. Après lui avoir communiqué son avénement au trône de la manière la plus amicale, il nomme une députation de trois grands d'Espagne pour se rendre à Bayonne, et le complimenter en son nom: il chargea un autre grand d'Espagne d'aller pareillement complimenter le Grand-Duc de Berg qui étoit déjà arrivé dans les environs de Madrid.

Un des moyens auxquels l'agent francais eut immédiatement recours, fut de faire circuler partout le bruit que Bonaparte pourroit arriver d'un moment à l'autre; dans cette persuasion, on ordonna de préparer dans le palais des appartemens convenables à la dignité d'un hôte aussi auguste; et Ferdinand VII écrivit de nouveau à Bonaparte pour lui annoncer combien il lui seroit agréable de le connoître personnellement et de l'assurer verbalement de son désir ardent de cimenter de plus en plus l'alliance qui subsistoit entre les deux souverains. Le Grand-Duc de Berg entré sur ses entrefaites à Madrid à la tête de ses troupes, ne se fut pas plutôt mis au courant des affaires, qu'il commença à semer la discorde ; il affecta de ne parler que mystérieusement de l'abdication du trône par le Roi Charles IV, donnant à entendre que jusqu'à ce que Napoléon eût reconnu Ferdinand VII, il lui étoit impossible à lui Grand-Duc de Berg, commandant les armées françaises en Espagne, de considérer ce dernier comme souverain. Cette réserve et quelques marques perfides d'intérêt données à dessein au vieux Roi, que l'on supposoit ainsi n'avoir déposé la couronne qu'après avoir été effrayé, ou étourdi par les clameurs du peuple mutiné, finirent par persuader à demi à ce prince qu'il s'étoit immolé en abdiquant, et il commença en conséquence à témoigner sa mauvaise humeur, en exigeant la mise en liberté du prince de la Paix, son favori ; ce ministre avoit été emprisonné pour sa propre sûreté, le peuple voulant le mettre en pièces, comme agent secret de Bonaparte.

Ce premier succès des menées sourdes

du Grand-Duc de Berg produisit pour lui le double effet de troubler la bonne intelligence entre le Roi Ferdinand VII et son père, et de mettre entièrement à la dévotion de Bonaparte l'homme qui exerçoit un empire presque absolu sur le second de ces princes. Le nouveau Roi fit à cette époque son entrée publique à Madrid. L'immense concours des habitans de la capitale et des environs, et leurs acclamations extraordinaires, firent comprendre au Grand-Duc de Berg qu'un tel souverain n'étoit pas facile à détrôner; il ne renonça pas cependant pour cela à servir les desseins secrets de son beau-frère, et résolut seulement de tout tenter pour éloigner Ferdinand VII de Madrid.

Pour parvenir à ce but, le Grand-Duc faisoit à tout moment répandre le bruit de l'arrivée d'un nouveau courrier apportant la nouvelle du départ de Bonaparte de Paris. Il commença d'abord par engager l'infant Don Carlos à aller au-devant de S. M. Impériale, assurant que ce voyage ne seroit pas long, et que S. A. rencontreroit l'Empereur avant deux jours de marche; ce prince ne fut pas plutôt en route, que le Grand-Duc de Berg travailla à faire tomber dans le même piège le Roi Ferdinand VII lui-même, pendant que tous les autres agens français sollicitoient secrètement le vieux Roi et la Reine de protester contre l'abdication qu'ils avoient faite de la couronne, comme leur ayant été arrachée par crainte.

Ferdinand VII montra pendant quelques jours la résolution de ne pas quitter Madrid, tant qu'on n'auroit pas reçu la nouvelle certaine de l'arrivée prochaine de l'Empereur des Français, et il auroit persisté dans cette résolution salutaire, si le général Savari n'étoit parvenu à ajouter une nouvelle force aux sollicitations réitérées du Grand-Duc de Berg et de l'ambassadeur Beauharnais.

Le général Savari arriva comme envoyé de Bonaparte, et ce fut en cette qualité qu'il demanda audience au roi d'Espagne; elle lui fut accordée sur-le-champ. Il annonça qu'il étoit envoyé par S. M. impériale uniquement pour complimenter le nouveau Roi; et pour savoir si ses sentimens, relativement à la France, étoient conformes à ceux du Roi son père, déclarant que, dans ce cas, l'Empereur fermeroit les yeux sur ce qui s'étoit passé; qu'il n'interviendroit en aucune manière dans les affaires intérieures du royaume, et qu'il reconnoîtroit sur-le-champ S. M. comme roi d'Espagne et des Indes. Le général Savari reçut la réponse la plus satisfaisante, et l'audience finit par l'assurance qu'il donna lui-même que l'Empereur étoit à peu de distance de Bayonne, et qu'il se rendoit à Madrid.

Mais à peine avoit-il quitté la salle d'audience, qu'il commença à faire les plus vives instances pour engager le roi Ferdinand à aller au-devant de Bonaparte; le Roi céda enfin à ses sollicitations, croyant rencontrer l'Empereur des Français sur la route, et se flattant que cette prévenance seroit utile au peuple espagnol. Le jour fixé pour le départ du roi Ferdinand étant arrivé, le général Savari, devenu plus attentif encore, parut ambitionner beaucoup l'honneur de l'accompagner dans son voyage, qui devoit, disoit-il, se prolonger jusqu'à Burgos, d'après l'avis positif qu'il venoit de recevoir de l'approche de l'Empereur des Français.

Cet officier suivit le Roi jusqu'à Burgos dans une voiture séparée. Là, il employa tous les moyens imaginables pour l'engager à continuer son voyage jusqu'à Vittoria. Lorsqu'on fut arrivé dans cette dernière ville, le général Savari partit pour Bayonne dans l'intention sûrement d'instruire Bonaparte de tout ce qui s'étoit passé, et de prendre ses instructions relativement aux moyens qu'il falloit mettre en œuvre pour déterminer le Roi d'Espagne à partir tout-à-fait de ses états. Bientôt il revint avec une lettre de Bonaparte; il y ajouta de vive voix les plus fortes protestations pour convaincre le roi Ferdinant de l'intérêt que Napoléon lui portoit, ainsi qu'à la nation espagnole. Il dit entre autres choses: « Je veux qu'on me coupe la tête, si, un quart-d'heure après l'arrivée de S. M. à Bayonne, l'Empereur ne vous a pas reconnu comme roi d'Espagne et des Indes. Pour ne pas être inconséquent avec lui-même, il commencera probablement par vous saluer du titre d'Altesse, mais quelques minutes après, il vous donnera celui de Majesté, et dans trois jours tout sera terminé. Alors Votre Majesté pourra retourner sur-le-champ en Espagne. Cependant lorsque le roi Ferdinant ayant encore cédé à ces nouvelles instances, mit le pied sur le territoire français, il remarqua que personne ne venoit à sa rencontre, et ce ne fut qu'à Saint-Jean-de-Luz, que le maire se présenta avec le corps municipal. Un peu après le Roi fut rencontré par la députation de trois grands d'Espagne qui avoient été envoyés au-devant de l'Empereur des Français, et le rapport qu'ils firent n'étoit pas agréable ; mais on ne pouvoit plus revenir sur ses pas après s'être autant avancé : on approchoit de Bayonne, et bientôt le Prince y fit son entrée.

Ce fut la résistance de Ferdinand VII à l'insinuation qui lui fut faite un peu plus tard par Bonaparte d'abdiquer la couronne, qui engagea ce dernier à faire venir le vieux roi d'Espagne, afin de se servir de lui pour briser cette couronne sur le front de son fils. Le vieux Monarque et son épouse ne firent ce voyage qu'à condition qu'on remettroit en liberté ce favori qui trahissoit si indignement toute la nation espagnole. La junte, que le roi Ferdinand avoit chargée du gouvernement en son absence, se montra d'abord inflexible sur cet article ; et si elle céda ensuite, ce fut parce qne le grand-Duc de Berg menaça de conquérir par la force ce qu'on ne lui accorderoit pas de bonne grâce; épreuve de sa puissance qu'il ne convenoit pas de lui laisser faire.

Le vieux roi d'Espagne, son épouse, ses enfans, et entre autre le prince des Asturies, que l'abdication de son père avoit saisi de la couronne sous le nom de Ferdinand VII, furent gardés à vue à Bayonne après que Bonaparte les y eût attirés. A l'aide de divers stratagêmes, Bonaparte sut bientôt s'emparer de l'esprit de Charles IV, à un tel point que celui-ci redemanda le trône à son fils. Le prince des Asturies se fit un devoir de céder à ce désir; mais aux conditions suivantes : 1°. Que Charles IV retourneroit à Madri, où il seroit accompagné par lui, qui le serviroit en fils soumis et fidèle; 2°. que, les Cortès y seroient assemblés; ou que si la réunion d'un corps aussi considérable répugnoit au vieux Roi, tous les tribunaux et députés du royaume seroient convoqués; 3°: que ce seroit en présence de ce conseil que la résignation du prince des Asturies auroit lieu d'une manière légale, et propre à rendre publics les motifs dans lesquels elle seroit faite; 4°. que Charles IV ne se feroit pas suivre par certaines personnes signalées comme s'étant attiré justement la haine de toute la nation; 5°. que si, comme le prince des Asturies prétendoit en avoir été informé, le vieux roi ne vouloit plus régner en personne, ni retourner en Espagne, dans ce cas lui, prince des Asturies, prendroit le gouvernement en son nom royal, comme son lieutenant. Ces conditions, dès le lendemain 2 mai 1808, attirèrent au prince des Asturies, de la part de son père, une lettre foudroyante que le secrétaire d'état Cevallos prétend avoir été dictée entièrement par Bonaparte.

Le prince des Asturies fit à cette lettre une réponse justificative qui ne remplit pas les vues du Roi. Charles IV l'appela alors et dans les termes les moins ménagés lui ordonna, en présence de sa mère et de Bonaparte, de souscrire une abdication pure et simple. Le prince des Asturies le fit dans la lettre suivante.

« Mon très-honoré père et seigneur, j'ai déposé entre vos mains royales, le premier de ce mois, ma renonciation à la couronne par des conditions que m'imposoient également et le respect que je porte à V. M. et la tranquillité de mes états, et la conservation de mon honneur et de ma réputation. C'est avec une extrême surprise que j'ai vu l'indignation qu'avoit produite dans l'âme de V. M. ces modifications dictées par la prudence, et commandées par l'amour que je porte à mes sujets. Sans autre motif quelconque, V. M. a jugé convenable de m'adresser, en présence de ma respectable mère et de l'empereur, les propos les plus injurieux; et non contente de cela, de me redemander ma renonciation pure et simple, sous peine d'être moi-même, ainsi que les personnes qui composoient mon conseil, traités comme des conspirateurs.

« Dans cet état de choses, je remets à V. M. la renonciation qui m'est *commandée*, afin qu'elle puisse retourner en Espagne pour y reprendre les rênes du gouvernement dans l'état où il se trouvoit le 19 mars, lorsque V. M. abdiqua spontanément sa couronne en ma faveur. »

C'est en vertu de cette lettre et des autres actes de renonciation qui furent aussi extorqués à l'infant don Carlos, frère du prince des Asturies, et à son oncle l'infant don Antonio, que le vieux roi Charles IV fit à Bonaparte cession de la couronne d'Espagne, qu'il plaça sur la tête de son frère Joseph.

La levée en masse d'une nation brave et généreuse, et qui étoit réveillée par le sentiment le plus noble, l'amour de la patrie, et l'indépendance nationale, opéra des prodiges de valeur, et vint à bout de repousser de son sein le féroce usurpateur, qui avoit intenté une guerre impie sans aucun résultat pour le bonheur de la France.

Bonaparte se trouvoit encore en Espagne, lorsque *Palafox*, général en chef de l'armée d'Arragon, publia la proclamation dont nous allons rapporter ce passage.

«.... On me conjure de poser les armes, au nom du bonheur de l'Espagne; et depuis quand un général révolutionnaire français prend-il un si vif intérêt au sort d'une nation qui, de toutes celles de l'Europe, devroit lui être la plus étrangère par son esprit religieux, ses mœurs, ses habitudes, par sa fidélité surtout envers son légitime Souverain?... Les Espagnols connoissent parfaitement l'espèce de bonheur que vous avez donné à la Hollande, à la Suisse, à l'Italie, à l'Allemagne, à la Pologne, à vos Alliés surtout, et à vos malheureux concitoyens eux-mêmes, que vous trainez enchaînés sur vos frontières, pour y planter vos drapeaux, souillés du sang de vos princes, et de celui de toute l'Europe. Quel bonheur, grand Dieu! que celui qui nous est offert par un général, l'héritier universel de toute la révolution française! Mon sang se glace dans mes veines, à la possibilité d'un pareil bonheur. Tout féroce qu'étoit Attila, il avoit dans l'âme plus de véritable grandeur, que celui qui vous lance sur nous pour nous dévorer; car Attila annonçait hautement les projets de son ambition. En entrant en Italie, il ne s'étoit point proclamé son ami, son allié; les Huns ne s'appeloient point eux-mêmes *la Grande Nation;* l'Italie ne leur avoit pas, comme nous, ouvert pendant douze fois ses trésors, donné ses flottes, confié ses armées.... Le terrible Conquérant, cependant, saisi de respect à la vue du Pape Léon-le-Grand, laissa devant lui son épée ensanglantée, et Rome fut épargnée; ajoutez que le Pontife n'avoit point quitté son siége, pour aller couronner Attila. Ce dernier, néanmoins, malgré ce trait qui l'honore, fut surnommé le *fléau de Dieu*. Quel nom, Monsieur, la postérité donnera-t-elle au vôtre ? »

Qu'importoit à Bonaparte, l'opinion que le général espagnol pouvoit avoir de lui ? Que lui importoit d'avoir conduit l'élite de son armée à travers mille dangers ? n'avoit-il pas la ressource dont il s'étoit déjà servi plusieurs fois, d'abandonner lâchement ses soldats engagés dans les périls ? C'est donc ce qu'il fit, lorsqu'il s'aperçut que les Espagnols préféroient s'ensevelir sous les ruines fumantes de leur patrie, plutôt que de courber leurs têtes sous le joug de son oppression. Il mit donc encore une fois une activité à fuir les ennemis, égale à celle qu'il déploya si souvent pour marcher à leur rencontre. Déserteur de son armée, il arrive dans la capitale, où le Sénat vint lui offrir lâchement le tribut accoutumé de ses adulations..... « Vous avez quitté les Espagnes, lui dit le Président, *après leur avoir assuré les plus grands bienfaits ; et leur avoir récréé une patrie* : et c'est une circonstance toute particulière de vos triomphes, qu'ils font triompher la raison ».

Quels étoient donc ces bienfaits que

Bonaparte avoit assurés à l'Espagne ? Le pillage, le meurtre, l'incendie ; en un mot, *une guerre de destruction*..

SON DIVORCE.

Mais tandis que les armées, lâchement abandonnées en Espagne, par son usurpateur, combattoient encore pour sa cause, une nouvelle guerre éclate dans le Nord.

L'envahissement de plusieurs Etats voisins, ne permettoient plus d'espérer un terme aux projets d'agrandissement de Bonaparte. Comme un torrent, dont aucune digue n'enchaîne le cours, son ambition dévoroit successivement les petits Etats de l'Europe, et les grandes puissances devoient trembler elles-mêmes d'être englouties à leur tour.

Une fois encore, l'Autriche veut chercher dans le hasard des combats, une garantie qu'elle ne peut trouver dans son état de paix avec la France ; mais cette tentative doit encore être inutile. De nouveaux trophées attendent nos légions invincibles ; de nouveaux outrages vont signaler le triomphe de Bonaparte.

L'Autriche soutenoit la cause de la justice et de la raison; mais Bonaparte avoit sous ses ordres une armée de braves, et la victoire devoit encore suivre ses drapeaux.

Ce fut alors, que vainqueur insolent, il osa outrager, dans ses bulletins, l'Empereur d'Autriche et son armée. Je n'en rapporterai qu'un passage.

« L'Empereur d'Autriche a quitté Vienne, et a signé, en partant, une proclamation dans le style et l'esprit de nos plus sots libelles. Il s'est porté à Scharding, *position qu'il a choisie précisément pour n'être nulle part, ni dans sa capitale pour gouverner ses Etats; ni au camp où il n'eût été qu'un inutile embarras*. Il est difficile de voir un prince plus débile et plus faux. Lorsqu'il a appris les suites de la bataille d'Eckmühl, il a quitté les bords du Rhin, et est entré dans le sein de ses Etats ».

Enfin, la campagne fut terminée par la fameuse journée de Wagram, qui força l'Empereur d'Autriche à accepter les conditions qu'il plût à Bonaparte de lui imposer; car celui-ci exigea du vaincu de grands sacrifices, comme Souverain, et en demanda de plus grands encore, comme père.

Depuis long-temps, l'homme qui avoit dû le premier degré de son élévation à l'union qu'il avoit contractée avec la veuve du général Beauharnais, parvenu à s'emparer d'un des plus beaux trônes de l'Europe, rougissoit en secret d'une alliance qui lui rappeloit sans cesse ce qu'il avoit été. Ne mettant plus de borne à son ambition, et se voyant, comme il le disoit lui-même, favorisé par la fortune et ses armes, profitant de sa victoire, il songea à s'allier avec une des puissances de l'Europe, et jeta ses vues sur la maison d'Autriche; mais il falloit rompre une union qu'il regardoit comme inférieure à lui depuis qu'il étoit monté sur le trône. Ce fut à cette occasion qu'il se servit de toute l'astuce de son esprit, pour parvenir à son but; et sous le prétexte de l'intérêt public, sous celui de laisser un héritier de son nom, qui pût assurer le bonheur des Français, il osa faire proposer au Sénat, la dissolution de son premier mariage; ce premier corps de l'Etat consentit sans aucune difficulté à cet acte qui étonna l'Europe entière.

Non content de le dissoudre, il choisit le jour qu'Eugène, son beau-fils, parut pour la première fois au Sénat, pour y prêter son serment, pour faire faire le rapport des motifs qui l'engageoient à rompre une union de laquelle il n'avoit nullement à se plaindre ; et il donna le spectacle d'un fils sacrifiant les intérêts d'une mère chérie, à l'ambition de celui dont il avoit tant de fois défendu la cause par son courage et sa valeur. Ce trait est peut-être unique dans l'histoire, et donne une idée de ce que l'on pouvoit attendre d'un homme qui brisoit sur de vains motifs une des institutions les plus sacrées.

D'ailleurs n'avoit-il pas la faculté de se choisir un successeur, et sa nombreuse famille ne lui en fournissoit-elle pas les moyens ? Mais cela ne suffisoit pas à son ambition, et l'alliance avec une tête couronnée remplissoit mieux ses désirs.

En conséquence du projet qu'il avoit conçu, il envoya le prince Berthier à Vienne demander la main de l'archiduchesse Marie-Louise. L'empereur d'Autriche croyant par le plus grand des sacrifices (celui de donner une fille chérie), obtenir une paix et une alliance continues avec l'homme qui avoit porté tant de fois dans ses états les ravages de la guerre, n'hésita pas à souscrire à ses vues.

Ce n'est pas à la politique du tyran, mais à l'intérêt des sujets de son père que se dévoua cette noble victime.

« *La volonté de mon père a constamment été la mienne*, répond l'auguste princesse aux sollicitations dont elle est l'objet; et sa grande ame se résigne au sacrifice, que le salut des nations semble exiger. La fille des Césars quitte la capitale de son royaume, pour venir partager le trône d'un usurpateur, le trône où une princesse de sa famille brilla de tout l'éclat de la grandeur, le trône auquel se rattachoient de si récens et de si cruels souvenirs; et le 1 et le 2 avril 1810, se fit la célébration civile et religieuse de ce mariage, offrant ainsi le spectacle de l'union du crime avec tout ce que la vertu a de plus pur.

CAMPAGNE DE MOSCOU.

Le moment approchoit où ce colosse de puissance alloit s'engloutir : sa chute devoit être aussi rapide que son élévation : jusqu'alors servi par les circonstances, Bonaparte devoit être un moment abandonné à ses propres forces, et autant ses succès avoient été extraordinaires, autant ses revers devoient être éclatans.

Dans toutes ses précédentes campagnes, Bonaparte avoit cru devoir communiquer au sénat, les pièces relatives à la rupture des traités d'alliance, ou de paix; mais comme la dissimulation de ses grands projets lui paroît utile, pour en assurer le succès, il se garde bien d'annoncer la reprise des hostilités contre la Russie, dans laquelle il sembloit que la main de Dieu le poussoit, afin qu'il dût à son ambition son élévation et sa chute.

Cette effroyable catastrophe sera à jamais unique dans les fastes de l'histoire. Quel grand et déplorable spectacle que celui de l'agonie de quatre cent mille guerriers! L'espace effrayant qu'ils avoient à franchir, et qui ne présentoit à leurs regards que les débris des hameaux et des villes, leur marche silencieuse au milieu des frimas, non pendant quelques jours, non pendant quelques semaines, mais pendant plus d'un mois dont chaque minute étoit comptée, dont chaque seconde marquoit une perte, une souffrance; une armée de victimes livrée aux horreurs de la faim, sans force pour combattre un ennemi furieux, jetant ses armes, abandonnant ses canons, se disputant les plus vils alimens ; n'ayant qu'une pensée, celle de son retour, et qu'un aspect, celui de la mort !

Est-il des expressions assez touchantes, assez énergiques pour faire sentir les angoisses de ces pâles guerriers qui, sortant tout-à-coup de leurs rangs avec un rire convulsif, s'agitoient un instant, poussoient des cris étouffés, et tomboient au milieu de leurs compagnons qui passoient avec indifférence.

Dans cette mémorable campagne, faute de charpie, on pansoit les blessés avec du foin. Le foin manqua, ils moururent. On vit errer six cent mille guerriers vainqueurs de l'Europe, la gloire de la France; on les vit errer parmi les neiges et les déserts, s'appuyant sur des branches de pin, car ils n'avoient plus la force de porter leurs armes, et couverts pour tout vêtement de la peau sanglante des chevaux qui avoient servi à leur dernier repas. De vieux capitaines, les cheveux et la barbe hérissés de glaçons, s'abaissoient jusqu'à caresser le soldat à qui il étoit resté quelque nourriture, pour en obtenir une chétive partie, tant ils éprouvoient les tourmens de la faim ! des escadrons entiers, hommes et chevaux, étoient gelés pendant la nuit; et le matin on voyoit encore ces fantômes debout au milieu des frimas. Les seuls témoins des souffrances de nos soldats dans ces solitudes étoient des bandes de corbeaux, et des meutes de levriers blancs demi-sauvages, qui suivoient notre armée, pour en dévorer les débris.

Si l'on pouvoit recueillir toutes les scènes affreuses de cette sanglante tragédie; on croiroit qu'elles sont l'ouvrage d'une sombre imagination. Des soldats enlevèrent leurs manteaux à des officiers supérieurs pour s'en revêtir, et leurs chevaux pour les dévorer. Des militaires d'une bravoure éprouvée, versoient des larmes comme des enfans; plusieurs se brûloient la cervelle; un plus grand nombre refusoient de marcher, espérant être faits prisonniers. On craignoit de s'arrêter un instant, pour donner des secours à son ami, à son frère. On vit des soldats dépouiller leurs camarades, aussitôt qu'ils éprouvoient ce rire convulsif, qui étoit l'avant-coureur de leur mort. Enfin, de malheureux Français poussés par la rage ou par la faim, *avoient dévoré leurs poings*, avant de mourir.

L'égoïsme étoit devenu le plus grand de leurs maux; point de secours à espérer de cette foule d'hommes qui ne marchoit que pour prolonger ses douleurs, qui ne s'arrêtoit que pour mourir. Toutes les ames étoient abattues, tous les sentimens éteints, ou pour mieux dire, le malheur étoit resté sans témoins; il n'y avoit plus que des victimes. Cependant que faisoit Bonaparte au milieu de tant de calamités? il abandonnoit ses soldats et parloit de ses victoires, et lorsque, forcé d'avouer sa honte et sa fuite, il revenoit insolemment demander de nouvelles victimes.

Mais à l'heure où des bataillons entiers restoient immobiles et glacés au milieu des déserts, d'autres infortunés s'égaroient, isolés dans ces vastes solitudes. Heureux, lorsque le hasard les faisoit rencontrer ces longues lignes de morts qui attestoient le passage de l'armée! ils se guidoient par leurs traces sanglantes, et ne périssoient que lorsque cet horrible secours venoit à leur manquer. Hélas! combien d'adieux ne furent pas entendus ! combien de larmes ne furent pas essuyées ! Bonaparte n'en versa point alors ; lui seul avoit commis le crime, et lui seul ne connut pas la douleur.

Un de ces infortunés délaissé de ses compagnons, fut long-temps errant dans les détours d'une forêt immense. Aucune habitation ne s'offroit à ses regards, s'il rencontroit un village, il étoit ruiné et désert ; s'il rencontroit des hommes, ils étoient morts, ou expirans ; enfin, il apperçoit la fumée d'une chaumière ; son cœur bat avec violence ; mais ses pieds à moitié nus refusent de le soutenir ; il n'a plus que quelques pas à faire pour trouver du secours, et la force l'abandonne ; il voit le lieu de son salut, et il ne peut y atteindre. Alors il pose un genou sur la terre, arrache les linges qui enveloppent ses pieds, et veut se réchauffer avec de la neige. Hélas ! il ne s'apperçoit pas que le genou sur lequel il s'appuie est déjà glacé ; c'est vainement qu'il tente de se relever ; pendant qu'il fait un dernier effort, sa main gelée s'attache à la terre, son visage découvert se glace ; à peine il distingue quelques soldats qui passent à ses côtés, et dont il ne peut se faire entendre ; il est dans la marche de la congellation un état de réaction qui n'a point encore été l'objet de l'étude des médecins, et qui mérite d'attirer toute leur attention. Au moment où la vie est sur le point de s'évanouir, où un sommeil irrésistible accable, ce sommeil est sout-à-coup troublé par un travail douloureux, par des inquiétudes pénibles qui raniment peu-à-peu les sens. Chaque organe semble faire des efforts prodigieux pour repousser l'agent destructeur qui le tue, et dans cette lutte opiniâtre, la vie s'use le plus souvent, si elle n'est aidée par un secours étranger. Parvenu à cet état, notre infortuné se ranime légèrement; son sang circule, il ouvre les yeux et aperçoit une femme qui accourt à sa voix; elle le soutient, elle le traîne, elle l'encourage, ils arrivent aux portes de la chaumière, et le spectacle le plus déplorable s'offre encore à leurs regards. Seize soldats semblables à des ombres, étoient immobiles autour de plusieurs arbres enflammés; aucun ne se dérange, aucun ne tourne la tête au bruit; Ils ne se regardent pas même entr'eux. En vain cette femme secourable leur crie qu'ils vont périr, s'ils ne s'éloignent du feu; ils ne voient et n'entendent rien. Leurs yeux sont fixes, leurs mains sont agitées de mouvemens convulsifs; quinze minutes s'étoient à peine écoulées, et il n'en restoit pas un seul vivant. A mesure que de nouveaux soldats arrivoient dans cette chaumière, on les voyoit se précipiter vers le feu, s'asseoir silencieusement sur les cadavres de leurs camarades, et saisis par le changement subit de la température, tomber morts à leurs côtés. La faim augmentoit encore le nombre des victimes; madame Aurore Bursaí, arrachée de Moscou par Bonaparte, et se trouvant à deux journées de Kramoc, obtint, par une faveur singulière, un paquet de farine de riz : mais le papier s'étant crevé, il s'en répandit quelques onces sur le cuir de sa voiture. Tout-à-coup un homme se précipite pour recueillir cette pincée de farine, il la porte à sa bouche, et il expire au même instant auprès des roues de la voiture. Mais revenons à l'incendie d'une des premières cités du monde, considérons le dévouement sublime de ses habitans, l'aspect d'une armée accablée de fatigues, qui au lieu d'un séjour de repos, n'aperçoit qu'une immense plaine converte de palais enflammés. Voyons comme un affreux tableau les soldats qui apparoissent chargés des dépouilles au milieu de cet océan de feu, un peuple entier errant, sans asile, sans pain, sans secours, dans des rues couvertes de cadavres. Non, jamais le ciel, dans sa colère, n'offrit aux hommes un spectacle plus effroyable; et pour ajouter à son horreur, il suffit de se représenter Bonaparte aux fenêtres du Kremlin, suivant froidement de l'œil les progrès de l'incendie qui alloit l'environner, et se décidant à fuir à l'aspect d'un danger qui ne l'eût pas fait frémir, s'il n'eût été à craindre pour lui.

On ne vit alors dans Moscou que des militaires furetant dans les avenues des maisons, forçant les portes, arrachant les habitans de leurs retraites, et parcourant les rues sans souliers, sans habits, ou travestis si bizarrement, qu'ils n'avoient l'air de soldats, que par leurs armes. Ce qui rendoit le pillage plus affreux, c'étoit l'ordre méthodique avec lequel on l'accordoit successivement à tous les corps de l'armée. Les mêmes soldats qui venoient de se couvrir de gloire dans tant de combats, égarés par la misère et par leur chef suprême, ne faisoient plus à la hâte un métier défendu; ils exécutoient un ordre, ils remplissoient un devoir. Pendant ce temps Bonaparte étoit rentré dans le Kremlin, où il faisoit faire de la musique par des chanteurs italiens.

De la musique au milieu d'un horrible incendie, des cris du désespoir d'une multitude errante ! Qui pourroit retenir son indignation, en lisant cet effroyable récit.

Campagne de Saxe et de Bohéme.

La déroute de Moscou auroit dû prouver à Bonaparte, combien sont fragiles les projets de l'ambition; mais le sacrifice de tant de braves, qui périrent dans les déserts glacés de la Russie, et qu'il avoit si làchement abandonnés, loin de l'arrêter dans ces desseins usurpateurs, ne fit au contraire que l'exciter encore plus à y persévérer. Il ose encore une fois, tenter le sort des armes, et préparer avec joie une campagne désastreuse, qui devoit répandre un nouveau deuil sur la France. Il fait mettre à sa disposition, par le Sénat, au mois de janvier 1813, trois cent cinquante mille hommes, et en avril de la même année, il en redemande cent quatre-vingt mille autres qui lui sont accordés : il pouvoit avec de telles forces, se promettre sans doute quelque succès; et les journées de Lutzen et de Bautzen vinrent affermir cet espoir. Un armistice fut conclu à la suite de ces victoires; et l'Autriche qui s'étoit rendue médiatrice parvint à le prolonger jusqu'au 10 août; mais il fut bientôt rompu, par l'insolence orgueilleuse d'un homme dont la prospérité voulut toujours dicter des lois. L'Autriche changea bientôt de rôle, et l'on vit successivement toutes les Puissances se lever contre celui qui menaçoit toutes les têtes couronnées. La France devoit donc être encore épuisée par de nouveaux sacrifices. Par des sénatus-consultes, Bonaparte arrache plus de six cent mille hommes à leurs foyers; et dans l'espace de dix mois et quatre jours, onze cent quatre-vingt mille hommes sont réunis sous ses drapeaux.

Rien ne sembloit donc pouvoir résister à ce torrent; mais l'Europe entière s'est enfin liguée contre ce dévastateur du genre humain, et le courage de nos légions belliqueuses, ne peut tenir contre une réunion aussi formidable.

D'abord les succès et les revers paroissent balancés. Le même champ de bataille est tour-à-tour occupé par les Français et par les troupes alliées.

Enfin, un long silence prépare, comme dans la campagne de Moscou, à l'annonce d'un grand revers ; et le Moniteur publie une suite de bulletins, dont le dernier rapporte le passage suivant.

. . . . . « A six heures du soir, l'Empereur ordonna les dispositions pour la journée du lendemain ; mais à sept, les généraux Sorbier et Dulauloy, commandant l'artillerie de l'armée et de la garde, vinrent à son bivouac lui rendre compte des consommations de la journée ; on avoit tiré quatre-vingt-quinze mille coups de canon : ils dirent que les réserves étoient épuisées, qu'il ne restoit pas plus de seize mille coups de canon, que cela suffiroit à peine pour soutenir le feu pendant deux heures, et qu'ensuite on seroit sans munitions pour les événemens ultérieurs ; que l'armée, depuis cinq jours, avoit tiré plus de deux cent vingt mille coups de canon, et qu'on ne pouvoit se réaprovisionner qu'à Magdebourg, ou à Erfurt.... L'Empereur avoit ordonné au génie de pratiquer des fougasses sous le grand pont qui est entre Leipsik et Lindeneau, afin de le faire sauter au dernier moment. Le général Dulauloy avait chargé le colonel Monfort de cette opération. Ce colonel, au lieu de rester sur les lieux pour la diriger et pour donner le signal, ordonna à un caporal et à quatre sapeurs, de faire sauter le pont aussitôt que l'ennemi se présenteroit. Le caporal, homme sans intelligence, et comprenant mal sa mission, entendant les premiers coups de fusil, tirés des remparts de la ville, mit le feu aux fougasses et fit sauter le pont : une partie de l'armée étoit encore de l'autre côté, avec un parc de quatre-vingts bouches à feu, et de quelques centaines de voitures.

« *La tête de cette partie de l'armée, qui arrivoit au pont, le voyant sauter, crut qu'il étoit au pouvoir de l'ennemi.*

Un cri d'épouvante se propagea de rang en rang : l'ennemi est sur nos derrières, et les ponts sont coupés ! *Ces malheureux se débandèrent, et cherchèrent à se sauver.* Le duc de Tarente passa la rivière à la nage ; le comte Lauriston, moins heureux, se noya ; le prince Poniatowsky, monté sur un cheval fougueux, s'élança dans l'eau, et n'a plus reparu. L'empereur n'apprit ce désastre que lorsqu'il n'étoit plus temps d'y remédier ; aucun remède même n'eût été possible. Le colonel Montfort et le caporal des sapeurs sont traduits à un conseil de guerre.

« On ne peut évaluer les pertes occasionnées par ce malheureux événement ; *mais on les porte, par approximation*, à 12,000 *hommes, et à plusieurs centaines de voitures*. Les désordres qu'il a portés dans l'armée ont changé la situation des choses : L'armée française victorieuse arrive à Erfurt, comme y arriveroit une armée battue.... L'ennemi qui avoit été consterné des batailles du 16 et du 18 a repris, par le désastre du 19, du courage et l'ascendant de la victoire. L'armée française, après de si brillans succès, a perdu son attitude victorieuse. »

La plume se refuse à peindre l'horreur de cette malheureuse bataille. Un homme blessé devenoit pour Bonaparte un fardeau : tant mieux s'il meurt, on en est débarrassé. Des monceaux de soldats mutilés, jetés pêle-mêle dans un coin, restent quelquefois des jours et des semaines sans être pansés : il n'y a plus d'hôpitaux assez vastes pour contenir les malades d'une armée de 7 ou 800 mille hommes, plus assez de chirurgiens pour les soigner. Nulle précaution prise pour eux par le destructeur des Français : point de pharmacien, point d'ambulance, quelquefois même pas d'instrumens pour couper les membres fracassés.

Enfin, la retraite de Leipsic ne peut être comparée qu'à la déroute de Moscow. Terreur, désespoir, insubordination, pillage ; rien ne fut respecté dans ces désastres. A Erfurt, ville de passage, il existoit sept hôpitaux ; au bout de vingt-quatre heures, pas un bouillon, pas un verre de vin, pas un morceau de pain, pas une compresse, pas une once de charpie !.... Les habitans eux-mêmes étoient sans subsistances ; tout le monde fuyoit ; les malades, les blessés seuls demeuroient ; ils expiroient d'inanition dans les refuges de l'humanité. Lorsque Bonaparte rétrogradant traversa Erfurt, on lui exposa la situation déplorable des hôpitaux. *Je donne*, dit-il, *six mille francs par jour sur ma cassette*, et il partit au galop. La cassette arriva peu de temps après lui : point d'ordre à exhiber ; la cassette passa outre.

A Mayence, les hôpitaux, les églises, les lycées, les douanes, les magasins furent bientôt insuffisans. Quinze mille malades ou blessés furent logés, soignés chez les bourgeois, et cependant l'arrivée successive des bateaux ne se ralentissoit pas. Le Rhin ressembloit à l'Achéron, pendant des jours de carnage. Sans cesse s'avançoit vers la rive une barque silencieuse : au teint pâle et livide de ceux qu'elle amenoit, on croyoit voir les ombres de nos guerriers descendre sur les bords de ce fleuve qu'on ne repasse plus. On vit pendant quatre-vingt-seize heures les rues encombrées de mourans : les uns expiroient sur les degrés extérieurs, en attendant qu'un cadavre fût enlevé de la maison, les autres étendus au coin des bornes, avoient perdu l'espoir de rendre le dernier soupir sous un toit hospitalier. Le râle de la mort s'entendoit à chaque pas ; la dissenterie exténuoit tous les corps; la ville n'étoit que fange; l'air étoit infecté. Sur la chaussée, des chevaux ruinés, écorchés, d'une maigreur extrême, n'ayant ni fourrage, ni litière, tomboient d'épuisement. Des caissons brisés, des affûts sans canons, des fourgons renversés, des gémissemens, des sanglots, des imprécations, un temps affreux; sur la place d'armes enfin, des régimens entiers bivouaquant dans la boue, et Bonaparte..... aux Tuileries, ou à l'Opéra! Quelques jours après, nouveau fléau; une épidémie épouvantable se déclara dans les hôpitaux, et même dans la ville. Citadins, militaires, chefs, employés, presque personne n'en fut exempt; un nombre effrayant succomba; le préfet lui-même en mourut. Comment la contagion n'auroit-elle point exercé ses ravages au sein d'une cité où l'on reçut (à peine on pourra le croire) des blessés qui n'avoient point été pansés depuis Leipsic! Quatre-vingt-douze lieues de distance! Leurs plaies étoient gangrenées au point que les vers y pulluloient, et perçoient même à travers l'appareil; du 7 au 20 novembre, il mouroit à Mayence jusqu'à cinq cents individus par ving-quatre heures, le huitième environ de bourgeois.

Hélas! n'avons-nous pas vu jusque dans la capitale, cette horreur des champs de bataille? n'avons-nous pas vu périr sous nos propres yeux le reste de nos générations? des troupeaux de conscrits, d'anciens soldats pâles et défigurés, s'appuyer sur les bornes de rues, mourant de toutes les sortes de misères, tenant à peine d'une main l'arme avec laquelle ils avoient défendu la patrie, et demandant l'aumône de l'autre main? N'avons-nous pas vu la Seine chargée de barques, nos chemins encombrés de chariots remplis de blessés qui n'avoient pas même le premier appareil sur leurs plaies? Un de ces chars que l'on suivoit à la trace du sang, se brisa sur le boulevard. Il en tomba des conscrits sans bras, sans jambes, percés de balles, de coups de lances, jetant des cris, et priant les passans de les achever. Ces malheureux enlevés à leurs chaumières, avant d'être parvenus à l'âge d'homme, menés avec leurs bonnets et leurs habits champêtres sur le champ de bataille, placés comme *chair à canon* dans les endroits les plus dangereux pour épuiser le feu de l'ennemi ; et ces infortunés frappés par le boulet tomboient en poussant des cris de douleur qui accusoient leur barbare souverain. Et pour qui tant de massacre ? pour un abominable tyran, pour un Corse, pour un étranger, qui n'est si prodigue du sang français, que parce qu'il n'a pas une goutte de ce sang dans les veines.

Les bulletins suivans annoncèrent la rentrée des débris de notre armée en France, et l'arrivée de Bonaparte à Paris. Vaincu, humilié, il reçut encore le 14 novembre, les complimens du sénat, lorsqu'il venoit exiger de nouveaux et d'inutiles sacrifices.

Le Français toujours prompts à tout faire pour l'honneur, voyant ses frontières envahies par les troupes alliées, appelées, pour ainsi dire, par les provocations réitérées de Bonaparte, fit les plus grands efforts en tout genre, pour s'opposer à cette irruption de troupes étrangères qui venoient fondre sur lui. Quoiqu'on fût partagé de sentimens, à l'égard de celui qui étoit l'auteur de tous les désastres qu'on venoit d'éprouver, *sauvons la patrie !* fut le cri général ; et chaque ville, chaque hameau, chaque commune, prit une attitude guerrière. Profitant habilement de cet élan national, Bonaparte se vit encore une fois à la tête d'une force imposante, et partit, le 26 janvier 1815, pour commencer une campagne mémorable qui devoit enfin amener la chûte de la tyrannie. Fidèle à son systême de perfidie, il dissimule les forces immenses que l'on avoit à combattre, comme on peut le voir dans son bulletin du 12 février.

« L'empereur a rencontré le corps du général Blücher, et après deux heures de combat, toute l'armée ennemie a été culbutée. Jamais nos troupes n'ont montré plus d'ardeur. L'ennemi enfoncé de toutes parts, est dans une déroute complète. *Infanterie*, *artillerie*, *munitions*, *tout est en notre pouvoir*, *ou culbuté*. Les résultats en seront immenses. L'armée russe est détruite. »

Et après la bataille de Montmirail, il annonce 10,000 prisonniers et un grand nombre d'hommes tués à l'ennemi, tandis que notre perte n'excède pas 3 ou 400 hommes. « Ainsi, dit-il, cette armée de

Silésie, composée des corps russes de Sacken et de Langeron, des corps prussiens d'Yorck et de Kleist, et forte de près de 80 mille hommes a été, en quatre jours, battue, dispersée, anéantie, sans affaire générale et sans occasionner aucune perte proportionnée à de si grands résultats. »

Il comptoit beaucoup sur la haine qu'il exciteroit contre les armées alliées, en leur imputant des vexations inouïes. Il espéroit, par ce moyen, organiser une guerre nationale, et que le Français, à l'exemple des Espagnols, aimeroit mieux s'ensevelir sous les ruines de son pays que de se soumettre à des souverains qui venoient plutôt en amis qu'en vainqueurs; mais c'est surtout les habitans de la capitale qu'il cherchoit à effrayer. Les habitans de Paris, disoit-il, dans son bulletin du 23 février, devoient s'attendre aux plus grands malheurs, si l'ennemi, parvenant à leurs portes, lui eussent livré leur ville sans défense. Le pillage, la dévastation et l'incendie auroient fini les destinées de cette belle capitale. »

Bonaparte avoit persisté jusqu'à la fin dans ce système de dissimulation; et le Moniteur du 19 mars nous annonçoit une victoire qui paroissoit importante à cinquante lieues de la capitale, au moment même où le canon des armées alliées se faisoit entendre sous ses murs.

Parvenu à se dégager, il s'étoit avancé jusqu'à Fontainebleau, où il avoit rassemblé une armée assez nombreuse; et ce même homme qui dans la proclamation précédente annonçoit les malheurs qui devoient fondre sur les habitans de Paris, furieux de ce qu'on n'avoit point fait une résistance qui auroit été inutile, se proposoit de marcher contre la capitale, et la réduire en cendres, lorsqu'il apprit la capitulation, et les décrets du sénat qui prononçoit sa déchéance.

Suivons-le maintenant dans les derniers actes d'un pouvoir qui venoit de lui échapper; et nous prouverons par l'ordre du jour qu'il adressa à son armée, en date du 14 avril 1814, que, fidèle à son systême d'hypocrisie, il s'en sert encore pour abuser ses troupes, d'abord, en les remerciant de l'attachement qu'elles lui témoignent, et surtout parce qu'elles reconnoissent, que la *France toute entière est en lui*, et non pas dans le peuple de la capitale. Une pareille fanfaronade n'a pas besoin d'explication.

Je ne puis m'empêcher de rapporter ses adieux aux officiers et soldats de la vieille garde.

« Je vous fais mes adieux : depuis vingt ans que nous sommes ensemble, je suis content de vous : je vous ai toujours trouvés sur le chemin de la gloire.

« Toutes les puissances de l'Europe se sont armées contre moi, une partie de mes généraux ont trahi leur devoir, la France elle-même a trahi le sien ; avec vous et les braves qui me sont restés fidèles, j'aurois pu entretenir pendant trois ans la guerre civile en France...

« Soyez fidèles au nouveau Roi que la France a choisi ; soyez soumis à vos chefs, et n'abandonnez point votre chère patrie *trop longtemps malheureuse*.

« Ne plaignez pas mon sort, je serai heureux lorsque je saurai que vous l'êtes vous-mêmes

« J'aurois pu mourir, rien ne m'étoit plus facile ; mais je veux suivre encore le chemin de la gloire : j'écrirai ce que nous avons fait. Je ne puis vous embrasser tous, mais j'embrasserai votre général : venez, général. (*Il l'embrasse.*)

« Qu'on m'apporte l'aigle, et que je l'embrasse aussi. (*Il l'embrasse pareille-*

ment.) Ah! chère aigle! que les baisers que je te donne retentissent dans la postérité !....

« Adieu, mes enfans, adieu mes braves! Entourez-moi encore une fois! »

N'est-il pas dérisoire de l'entendre dire à ses soldats : *je suis content de vous* ; lorsqu'ils avaient tant à se plaindre d'un souverain qui sans cesse les sacrifiaient à son aveugle ambition ; de lui entendre dire : *Toutes les puissances de l'Europe se sont armées contre moi*, lorsqu'il fut le premier à porter sans but et sans raison les fléaux de la guerre jusques dans le cœur de leurs états ? Il accuse la France d'avoir trahi son devoir. Mais lui-même de quelle responsabilité ne s'était-il pas rendu coupable ? Enfin, il invite ses gardes à être fidèles au Roi, et à ne point abandonner leur patrie trop longtemps malheureuse ; et quelque temps après, le parjure qui avait renoncé à son usurpation, par l'abdication suivante : « Les puissances alliées ayant proclamé que l'empereur Napoléon était le seul obstacle au rétablissement de la paix en Europe, l'empereur Napoléon, fidèle à son serment, déclare qu'il renonce, pour lui et ses héritiers, aux trônes de France et d'Italie, et qu'il n'est aucun sacrifice, *même celui de la vic*, qu'il ne soit prêt à faire à l'intérêt de la France. » Ce parjure, dis-je, revient en sujet rebelle pour renverser le trône, et livrer cette même patrie à toutes les horreurs de la guerre civile.

Par suite de cette abdication, et du traité conclu entre les puissances alliées, Bonaparte eut en toute souveraineté pour lui et ses descendans l'île d'Elbe, située sur les confins de l'Italie. Il partit donc le 21 avril 1814 pour cette nouvelle destination. Nous allons rapporter quelques anecdotes relatives à son voyage. Il dit un jour aux commissaires chargés de l'accompagner qu'entr'autres choses, et après avoir retracé avec beaucoup de franchise les différens degrés qu'il avait parcourus dans sa carrière depuis vingt-cinq ans : « Au bout du compte, je n'y perds rien ; car j'ai commencé la partie avec un écu de six francs, dans ma poche, et j'en sors fort riche. »

Partout sur sa route, le peuple l'accabloit d'invectives, et lui reprochoit tous les malheurs qu'il avoit fait peser sur la

France. A Orgon, petit village où on changea de chevaux, la rage du peuple étoit à son comble.

Le comte Shouwaloff, à côté de la voiture de Bonaparte, harangua la populace en ces termes : « N'avez-vous pas honte d'insulter à un malheureux sans défense? Il est assez humilié par la triste situation où il se trouve, lui qui s'imaginait donner des lois à l'univers, et qui se voit aujourd'hui à la merci de votre générosité. Abandonnez-le à lui-même ; regardez-le ; vous voyez que le mépris est la seule arme que vous devez employer contre cet homme, qui a cessé d'être dangereux. Il seroit au-dessous de la nation française, d'en prendre une autre vengeance. » Le peuple applaudissoit à ce discours, et Bonaparte, voyant l'effet qu'il produisoit, faisoit des signes d'approbation au comte Schouwaloff, et le remercia ensuite du service qu'il lui avoit rendu.

A un quart de lieue en-deçà d'Orgon, il crut indispensable la précaution de se déguiser : il mit une mauvaise redingote bleue, un chapeau rond sur sa tête avec une cocarde blanche, et monta un cheval de poste pour galoper devant sa voiture, voulant passer ainsi pour un courrier, et entra dans une mauvaise auberge, située sur la grande route, et appelée la *Calade*. Les commissaires qui l'accompagnoient l'ayant rejoint dans cette auberge, là, Bonaparte se félicita de son déguisement, en leur racontant ce qui s'était passé entre lui et l'hôtesse, qui ne l'avait pas reconnu « Eh bien ! lui avait-elle dit, avez-vous rencontré Bonaparte ? *Non*, avait-il répondu. « Je suis curieuse, continua-t-elle, de voir s'il pourra se sauver ; je crois toujours que le peuple va le massacrer : aussi faut-il convenir qu'il l'a bien mérité, ce coquin-là — Dites-moi donc, on va l'embarquer pour son île ? — *Mais, oui.* — On le noyera, n'est-ce pas ? *Je l'espère bien*, lui répliqua Napoléon » *Vous voyez donc*, ajouta-t-il, *à quel danger je suis exposé.*

Dans une conversation qu'il eut avec ces mêmes commissaires, il leur dit : *Je renonce maintenant tout-à-fait au monde politique, et ne m'intéresse plus à tout ce qui peut arriver ;* et il ajouta, que si on lui offroit la couronne de l'Europe, il la refuseroit. *Je n'ai jamais estimé les hommes*, dit-il, *et je les ai toujours traités comme ils le méritent ; mais cependant les procédés des Français envers moi, sont d'une si grande ingratitude, que je suis entièrement dégoûté de l'ambition de vouloir gouverner.*

Lorsque le général Koller lui témoignoit combien tout ce qui s'étoit passé dans les derniers jours de son voyage, lui faisoit de peine. *Quant à vous, mon général*, lui dit-il, *je me suis montré cul-nu ; mais, dites moi franchement, si vous ne croyez pas aussi que toutes ces scènes scandaleuses aient été sourdement excitées par le Gouvernement français ?* Le général l'assura qu'il étoit bien éloigné de partager cette pensée, et que le Gouvernement français ne se seroit sans doute pas permis une conduite si contraire aux intentions des puissances alliées. L'empereur manifestoit cependant, toujours l'inquiétude de n'être pas reçu à l'île d'Elbe.

Enfin, il arriva dans cette île où quelque temps après, il signala sa souveraineté par le trait suivant :

La pêche du thon avoit été, jusqu'à son arrivée, affermée à un riche Génois, qui, pour faciliter son commerce, avoit fait bâtir une maison à Porto-Ferrajo; comme cette maison gênoit Bonaparte dans ses projets d'embellissement, il la fit jetter bas, sans autre forme de procès, et sans vouloir seulement en parler au propriétaire; celui-ci poussa les haut cris, et s'éleva fortement contre l'injustice de ce procédé. Alors, l'Empereur lui fit savoir que, malgré le bail qui existoit, son intention étoit d'affermer de nouveau la pêche au plus offrant, et qu'il vouloit avoir vingt mille francs de plus qu'elle ne rapportoit par an. Le malheureux entrepreneur fut si effrayé, qu'il fit dire à l'Empereur, qu'il payeroit tout ce qu'il voudroit, et qu'il ne seroit plus question de la maison abattue. Napoléon se laissa pourtant attendrir, lui rabattit quelque chose des vingt mille francs, et le Génois éleva jusqu'aux nues, la générosité impériale.

Lorsque le général Koller, l'un des commissaires, le quitta, Bonaparte le chargea de négocier un traité de commerce avec Gênes, et lui fit des adieux affectueux, en le priant de venir bientôt le voir.

A son retour, pendant son voyage de

Toulon à Paris, le général Koller se convainquit à quel point tout le pays étoit irrité contre Bonaparte. Il fut reçu à Toulon par le maréchal M***, avec la plus grande politesse. Il lui dit combien il étoit charmé du renversement de Bonaparte, et lui fit même connoître le sujet de la haine qu'il lui avoit vouée ; et pour prouver la manière indigne dont l'ex-empereur avoit agi envers lui, il raconta qu'un jour de chasse, Napoléon, soit qu'il l'eût fait exprès, ou non, le blessa d'un coup de fusil à l'œil et le lui creva. Il ne fit pas même semblant de l'appercevoir, et après la chasse, il vint voir le Maréchal et lui dit tout bas : *C'est le prince Guillaume de Prusse qui vous a crevé l'œil*, et chercha à lui persuader que le Prince l'avoit fait à dessein. Puis il s'informa avec une apparente sensibilité, s'il avoit éprouvé une forte douleur. M*** déclara qu'il avoit répondu que ce malheureux coup n'avoit pas été dirigé par le prince Guillaume.

Le général Koller visitant la flotte de Toulon, trouva une nouvelle preuve de la cruauté avec laquelle Napoléon traitoit les Prussiens. Sur le vaisseau amiral deux matelots misérablement vêtus s'approchèrent de lui et lui parlèrent en allemand. Ils le supplièrent, au nom de Dieu, de les tirer d'esclavage, eux et trois cents de leurs compatriotes qui étoient détenus dans le bagne. La plupart étoit du corps de Schill, et les autres avoient été faits prisonniers à Dantzick dans l'année 1807. On les avoit, malgré le traité de paix, conduits d'Anvers à Toulon, attachés à la chaîne comme de vils galériens. Sur la demande du général Koller, les deux matelots qui s'étoient présentés d'abord à lui furent mis aussitôt en liberté; et peu de temps après son arrivée dans Paris, il eut la satisfaction d'apprendre la délivrance de tous les autres prisonniers prussiens.

La France, sortie, comme par enchantement, de tant d'oppressions, de tant de malheurs, de tant de désastres, que Bonaparte avoit fait peser sur elle, la France respiroit enfin, et depuis onze mois goûtoit sous le gouvernement paternel du souverain légitime que le ciel avoit rendu à ses vœux, toutes les douceurs de la paix et du bonheur; tout-à-coup, un bruit sinistre circule sourdement dans la capitale. L'oppresseur du genre humain, au mépris des traités, au mépris de son abdication et de ses sermens, vient de débarquer sur les côtes d'un pays où il avoit laissé de si cruels souvenirs. A la certitude générale de cette affreuse nouvelle, une consternation s'empare de tous les esprits, et la douleur se peint sur tous les visages. Un cri d'indignation retentit de toutes parts. Le passé faisoit redouter l'avenir; mais bientôt un sentiment unanime est partagé par tous les cœurs, celui de défendre un monarque chéri dont on avoit eu le temps d'apprécier toutes les vertus.

Quel est le Français qui auroit pu croire que dans une nation de tout temps citée par sa loyauté, il se trouveroit des traîtres? Il s'en trouva malheuresement, et ces hommes dénaturés ne craignirent pas de seconder les projets de l'usurpateur. Bientôt la défection se mit dans les rangs des soldats abusés et séduits par tous les genres de corruption. Que pouvoit faire alors le petit nombre de Français restés fidèles à leur roi? En vain vouloient-ils faire un rempart de leurs corps autour de ce trône que Bonaparte se proposoit de souiller pour la deuxième fois. Pénétré de reconnoissance pour ses fidèles sujets, le Monarque craignant d'attirer sur la France de nouveaux malheurs, et de l'exposer à toutes les horreurs de la guerre civile, aime mieux quitter pour quelque temps la capitale, persuadé que ceux de ses sujets qui étoient égarés, revenant de leurs erreurs, rendroient un jour justice à ses intentions paternelles. Il part donc, emportant tous les regrets, suivi de tous les vœux; et le tyran vient au milieu des ténèbres s'emparer d'un palais en deuil, et dicter de nouveau des lois à la France consternée. Ne mettant plus de bornes à son délire, entouré d'infâmes siccaires, il marche de projets en projets, et la terreur remplace la tranquillité dont on jouissoit depuis si peu de temps. A la nouvelle de cet horrible attentat, les puissances alliées indignées de la déloyauté perfide d'un homme auquel elles avoient supposé des sentimens d'honneur, arment leurs nombreuses phalanges, et les dirigent contre lui. Bonaparte de son côté force les citoyens à prendre les armes pour s'opposer au torrent qui le menace; mais le ciel las de tant de forfaits, voulut par un exemple terrible, montrer aux hommes que le crime n'est jamais impuni.

Les armées sont en présence, quelques succès favorisent l'usurpateur; mais bientôt la déroute la plus complète vient marquer la fin de sa puissance; et fuyant lâchement les braves qu'il avoit abusés, il ose le premier, proclamer la nouvelle de sa défaite. Hélas! pourquoi faut-il que tant d'illustres guerriers qui honorèrent la France par leur courage et leur valeur, aient été les victimes de la fureur insensée du plus féroce des despotes? Pourquoi faut-il que nous ayons à regretter ces nombreux bataillons si inutilement sacrifiés? Enfin, ses partisans frappés d'un tel désastre, et des malheurs nouveaux qui venoient de fondre sur la France, et craignant la juste vengeance des Puissances de l'Europe, invitèrent Bonaparte à abdiquer un pouvoir qui ne pouvoit plus lui être confié; et eux-mêmes ne s'occupèrent bientôt plus que d'implorer la clémence d'un Souverain, contre lequel ils avoient levé l'étendard de la révolte. Déjà les armées étrangères approchoient de la capitale, lorsqu'on leur donna connoissance de la nouvelle abdication de Bonaparte, et du vœu général de voir rentrer dans son sein, le plus chéri des Monarques. Il n'en falloit pas moins pour arrêter la marche des Souverains, armés pour une aussi juste cause.

La journée du 8 juillet vint après tant de crises, ramener dans son palais, l'héritier de Saint-Louis, et avec lui le bonheur et la paix. Peindre la joie qu'inspira cet heureux évènement seroit impossible. C'étoit un père qui revenoit au milieu de ses enfans, c'étoit l'ange consolateur qui venoit sécher tant de larmes, cicatriser tant de plaies, c'étoit enfin celui en qui se trouvent toutes les espérances.

L'homme qui depuis quinze ans avoit fait répandre tant de sang, à qui on devoit tant de malheurs, ne pouvoit plus rester dans un pays qu'il avoit exaspéré par tant de crimes : et la généreuse bonté d'un Monarque qu'il avoit eu l'audace de mettre *hors la loi*, ayant sollicité des puissances une indulgence non méritée, on lui laissa la liberté de se choisir une retraite ; on vit alors celui qui avoit toujours calomnié une nation magnanime, implorer sa pitié, pour sauver une vie qu'il n'avoit pas eu le courage de perdre au milieu des combats. Cette humiliante faveur lui ayant été accordée, il fut reçu à bord du *Bellérophon*, et pour délivrer à jamais l'Europe de son oppression, et lui ôter tout moyen de reparoitre sur l'horison politique, il fut résolu qu'il seroit conduit à l'île de Sainte-Hélène, pour y être sous la surveillance de toutes les puissances, et après cette décision, on mit à la voile pour cette nouvelle destination. Telle est la fin de la carrière politique d'un homme dont l'Europe entière conservera à jamais l'horrible souvenir. Puissent tous les peuples à venir être préservés d'un pareil tyran ! Puissent-ils se rappeler sans cesse qu'un prince juste, humain et qui ne veut que le bonheur de ses sujets est le plus beau présent du ciel ! Puisse enfin la France jouir sous le gouvernement d'une famille qui a fait son bonheur pendant tant de siècles, de la paix et de la tranquillité qui assurent la prospérité des états, et oublier ces idées de fausse gloire et d'agrandissement qui en font la perte !

FIN.

DE L'IMPRIMERIE DE D'HAUTEL,
rue de la Harpe, n°. 80.

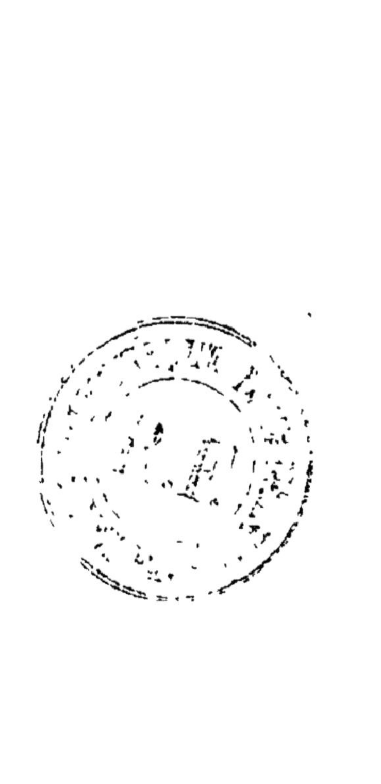

www.ingramcontent.com/pod-product-compliance
Ingram Content Group UK Ltd.
Pitfield, Milton Keynes, MK11 3LW, UK
UKHW020252250726
13967UKWH00004B/1639

9 782012 986374